HIKIKOMORIe

Dans le silence de ma chambre

© 2024 Albin Michel Jeunesse
22, rue Huyghens, 75014 Paris
www.albin-michel.fr

Sophie Carquain

HIKIKOMORIe

Dans le silence de ma chambre

Albin Michel litt'

Hikikomori :
mot japonais désignant des personnes, souvent jeunes, qui ne sortent plus de leur chambre pendant des semaines, des mois, voire des années.

Prologue

5 février 2024

Bahia
Hey ma biche, jamais tu réponds ?
Nos messages tombent dans le puits
de la honte.
C'est de ma faute ? Si c'est ça, dis-le-moi.
Si t'as juste envie de silence, dis-le-moi aussi.
On s'inquiète, meuf.
Gros bisous,
Babou.

Léore
Coucou Sash, t'es morte ou koi ?
Envoie un signe. [*émoji cœur vibrant,
fantôme qui tire la langue*]

Mathieu
Force à toi, Husky, tu vas y arriver. Force et
courage ! [*émoji flamme*] Où que tu sois, pas

trop loin j'espère, on pense à toi. T'as besoin de quoi ? On veut t'organiser une fête pour ton anniv. Enfin, si t'es pas en Alaska.

Tante Alice
Sasha,
Mon ange, je sais ce qui te chagrine.
Tu n'es pas responsable. Ce silence... c'est dur dur dur.
Je t'aime,
Tatalice (comme tu disais quand tu avais 3 ans).

Sam
Hé Husky,
Askip, t'es partie ? Mon père m'a dit que t'étais au Canada. Ou en Angleterre, j'ai pas tout compris. Il a pas donné ton adresse. Tu rentres quand ? T'as fini de bouder ?

Zoé
Force à toi, Sasha,
On n'a pas été clean. Loin de là. J'ai fait n'importe quoi. Je me suis laissé embarquer. Mes parents me disent que j'ai été sous emprise. Daria, c'est le [*émoji diable poilu*].

Dis-moi si je peux aider. Paraît que t'es partie.
J'espère qu'un jour tu pourras me pardonner.

Anita
Salut Sasha, je t'ai envoyé deux mails,
les as-tu reçus ? Demain, il y aura une petite
cérémonie au lycée en sa mémoire.
Les élèves ont écrit un petit texte. Si tu veux
je pourrai te l'envoyer.
C'est très beau,
Anita.

Mamie Martine
À Sasha Vautier

Ma toute grande,
Comment vas-tu ce matin ? Je pense à toi car cela fait huit mois et quelques jours, maintenant. Et aussi parce que, dans dix jours, c'est ton anniversaire.
J'espère que tu liras mon message. Je ne fais qu'espérer, sans être sûre de rien.
Pas sûre que tu l'ouvres.
Que tu me répondes.
Et pourtant, ça ne t'oblige pas à me voir, ça ne t'engage à rien. Si tu ne réponds pas, comment

veux-tu que je sache, moi, si tu lis mes mails ? Les murs s'érigent très vite entre les gens, sans même qu'on s'en rende compte. Sans même qu'on ait le temps de dire ouf. Tu sais, je pense souvent au mur de Berlin, à tous ceux qui se sont dressés, hop, comme ça, alors que personne n'en voulait. Parfois, ils n'ont pas besoin d'être très hauts. De simples barbelés suffisent à empêcher quiconque d'avancer.
Tu es ma première petite-fille, Sasha. Je n'ai jamais raté un seul de tes anniversaires. Depuis tes 5 ans je te prépare mon fameux roulé à la fraise recouvert de sucre glace. Ton dessert préféré. Et cette année, que va-t-il se passer ?
En cadeau, j'ai pensé à des sous, pour partir voir le monde. Ou alors un nouveau casque, mais je préférerais la première option.
Qu'est-ce que je peux faire ?
Dis-moi, ma grande. J'aimerais tant te serrer de nouveau dans mes bras.
Je ne suis pas immortelle, tu sais.
Ta mamie Martine

P.-S. : Tu ne peux pas éternellement refuser les mains tendues. Ne t'enfonce pas, Sasha. Dans le noir, il n'y a que les chats qui voient. Et pour ton

PROLOGUE

anniversaire, dépêche-toi. Parce que tu sais, moi, avec mes lombaires en compote, je commande tout sur Internet. Merci, ma poupée.

Chapitre 1

Dans la chambre, 5 février 2024

Cruic, pfuiiiiit... Cruiiic, pfuiiit.

Sasha se redresse sur ses coudes.

S'assoit dans son lit.

Le grincement des lattes, le bruissement du satin.

Le-pantalon-de-satin-de-sa-mère-qui-monte-l'escalier.

Tadam, *badam*, *tadam*, éruption cardiaque.

Tchok, cling. Tchok, cling. Tchok, cling. Tchok...

Le plateau du petit-déjeuner.

La théière en fonte bute contre le mug.

À chaque pas, le heurt de la fonte sur la céramique.

Dans un quart de seconde, la dernière marche va craquer.

Là : *craaaac.*

Sasha retombe sur son matelas comme un vieux sac. Elle lève le coin de son oreiller pour attraper son portable. 7 heures 08.

Comment d'aussi petits bruits peuvent-ils la réveiller alors que les cahotements du camion poubelle sur les pavés la laissent de marbre ? C'est le noir qui rend l'oreille sélective ? Ou la réclusion qui vous métamorphose à ce point ?

Sasha se coule vers le bas du lit, tire sa couette jusqu'au ras des sourcils.

Une conque. Un bernard-l'hermite en plein hiver.

Elle est échouée sur une plage déserte prise d'assaut par les vagues.

Un poing serré sur lui-même, pour ne plus sentir, ne plus souffrir.

Le parfum de sa mère se faufile sous le battant. L'Heure Bleue de Guerlain, un afflux de jasmin, d'amande et de vanille. Un tsunami.

Attendre que le typhon se calme, que le génie échappé de la lampe d'Aladdin y rentre à nouveau. Attendre que les effluves de vanille et d'amande amère rebroussent chemin.

Trop tard.

Vite, se mettre en apnée. Fermer la bouche et tout ce qu'il y a au-dessus et en dessous, le palais, les narines, le pharynx, le larynx. Plein de trucs en « ynx ».

CHAPITRE 1

Poc.

Le bruit sec du plateau contre la porte.

Traduction : room service, le petit-déj est servi.

Sa mère pourrait descendre, maintenant. Remballer ses amandes amères et sa mauvaise conscience.

Mais ça ne se passe jamais comme ça.

Non, Sasha le sait, elle va encore tenter le diable. Pour la centième fois.

Toc toc toc. TOC TOC TOC TOC.

– Sasha ? Mon cœur ?

T'as bien dormi, t'es réveillée, comment tu vas, t'as faim ? Tu veux un jus d'orange ? Essaie s'il te plaît... Allez, tu peux y arriver.

Tous les matins. Les mêmes mots. Avec quelques variantes : jus de tomates, jus d'ananas, simple verre d'eau.

Depuis huit mois.

– Je t'ai préparé des œufs brouillés à la cannelle Et des toasts au beurre fondu. Avec un peu de miel à côté pour... Au cas où... Enfin... Hier, je t'ai entendue tousser... Sasha ? Tu réponds ?

Puis l'attente, dans un bref silence. *Hommpf.* Soupir de désespoir.

Elle a avancé sa bouche à deux centimètres de la porte.

– Ma puce ?

Sasha se love sous sa tente en couette. Dans SON odeur. SON silence.

Elle aimerait rétorquer, marmonner.

Elle aimerait même couiner ou toussoter, mais aucun son ne franchit sa gorge de craie.

Huit mois qu'elle n'y parvient plus, que son corps fait grève, et avec lui ses tripes, sa bouche, sa glotte, ses cordes vocales.

– Tu as réfléchi à ce que je t'ai dit, mon cœur ? réessaie sa mère. À ton anniversaire ? Seize ans, ça se fête, tout de même. Et ça ferait tellement plaisir à ta sœur...

Cette façon de dire « ta sœur ». Cette façon de lui faire croire que sa petite Elsa chérie ne rêve que d'une chose : fêter sa monstresse d'aînée.

Elle la noie de culpabilité. Trempez-la dans l'huile. Trempez-la dans l'eau. Ça fera un escargot bouillant de honte.

Pfff... Soupir de renoncement derrière la porte.

Re-*craaac*, re-*cruiiic*, *pfuiiit*.

Enfin seule.

Huit longs mois qu'elle vit recluse, princesse folle dans son donjon, monstresse maudite des contes, Blanche-Neige version dark dans son cercueil. Huit mois qu'elle n'a pas frotté ses Doc sur le paillasson, huit mois qu'elle n'a pas senti la brise sur son visage, articulé un mot ou soutenu un autre regard que celui d'un moustique ou d'un papillon à la fenêtre.

Depuis son lit, Sasha regarde souvent la poignée étincelante de la porte. Jusqu'à s'en péter les rétines.

Par moments, elle se dit que si elle l'empoignait, sa vie s'arrêterait net, tranchée par le coup de ciseau de la Parque. La troisième déesse, la bâtarde, celle qui vous shoote droit au cœur.

Certains jours, elle n'y arrive pas. L'idée d'effleurer la poignée lui donne le sentiment de tomber à l'infini, le cœur en folie. Percussions en boucle, éructations cardiaques, souffle détraqué. Alors elle ouvre son dressing, retourne les sacs plastiques, fouille dans les poches de ses vêtements, secoue sa couette, vérifie sous son lit, récupère une Pom'Potes à la fraise ou un gâteau ramolli. Et laisse le plateau dehors.

7 heures 45.

Sasha escalade le tas de vêtements abandonnés au pied de son lit et rejoint le fond de sa chambre.

Onze mètres carrés, douche et w.-c. compris. Sur son bureau : sa petite imprimante, ses tubes de gouache, ses pinceaux, sa liasse de feuilles ; coincé en dessous : un micro-ondes. À côté de la porte : sa guitare, qu'elle n'a plus touchée depuis des lustres.

En huit mois, l'univers entier s'est installé dans sa grotte. Elle est une femme préhistorique, abandonnée des siens, les chasseurs-cueilleurs en route pour le taf.

Et pour survivre, elle a sa stratégie.

Elle a ordonné, à droite de son lit, un alignement de canettes de Coca et sodas divers, dont elle a soigneusement découpé l'opercule. Chaque pot a son usage bien précis : cendrier, porte-cigarettes, pot à crayons, pot à tabac, poubelle de table, boîte à Doliprane, boîte à Spasfon… Elle en connaît l'ordre par cœur, comme un pianiste maîtrise ses blanches et noires, sans même les regarder.

Elle tâtonne, attrape une clope, avale un comprimé, jette une épluchure de clémentine, saisit sa crème pour les mains. Elle connaît sa partition par cœur.

Et ce qui lui manque, elle le note sur le paperboard accroché au mur, dont elle arrache une fois par semaine une page qu'elle glisse ensuite sous la porte à l'attention de ses parents.

CHAPITRE 1

Généralement, Sasha ne bouge pas avant d'avoir entendu la porte du bas claquer. Parfois, sa mère hurle avant de sortir, suffisamment fort pour qu'elle l'entende :

– C'est bon ? Alors on est partis. On y va, à ce soir, la maison !

Certains jours, elle perçoit un *FRRRRT FRRRT*, les trottinements joyeux de sa sœur, les rires, les embrassades, les interrogations :

– Pourquoi elle sort pas, Sasha ? Pourquoi elle vient pas me chercher au judo comme avant ? Quand est-ce que je la verrai ?

Dans ces cas-là, elle tend l'oreille pour capter la réponse.

– Malade... encore... Mais bientôt...

De temps en temps, c'est son père, qui s'y met. En glapissant bien fort, pour que le son pénètre jusqu'à ses oreilles : « Alors, la princesse, pas encore sortie de son donjon ? » « Hey, la bonne sœur dans sa cellule ? La bonzesse[1], ça va ? » « Ça doit dauber. Bientôt, les cafards vont débarquer. »

Ces tirades désagréables font généralement réagir la voix maternelle : « Ça suffit, tu peux te taire, s'il te plaît ! Tu penses qu'elle a le choix ? »

1. Femme bouddhiste vivant en communauté.

Ce matin, rien de tout cela. Juste le « On y va ! » habituel.

Suivi d'un *CLAC* et d'un double tour de clé. *FILEU-LEUK*.

C'est le signal qu'attend Sasha, celui qui indique qu'elle est seule et peut s'aventurer hors de sa chambre sans risquer de croiser les siens.

La maison retombe dans le silence.

Sasha patiente quelques minutes, au cas où Elsa aurait oublié son ardoise ou son sac de sport, comme hier. Elle tire ensuite le coffre en bois massif qui bloque l'accès à sa porte.

Elle n'a jamais eu de clé.

Une nuit, elle a rêvé que son père avait fait une empreinte de la serrure en y introduisant un chewing-gum ramolli. Elle a appris, par la suite, que c'était une technique de cambrioleur pour vérifier les allées et venues des habitants.

Depuis, elle a peur.

Peur tout le temps. Peur d'une poignée de porte, d'un verre à dents.

Elle est là, bras ballants, dans son long T-shirt noir à bandes blanches, devant la porte. *Tadam. Badam.*

CHAPITRE 1

Elle ferme les yeux. Les rouvre.

Vas-y. Courage.

SHLAK. Poignée baissée d'un coup, ouverture de la porte. Elle se penche, soulève le plateau-repas, ferme derrière elle, le dépose près de son lit, se relève, cale le coffre contre la cloison. Respire.

Le café est déjà tiède. Elle en avale une petite gorgée bien sucrée.

8 heures 25.

Elle écarte deux lattes du store et, depuis la meurtrière de son château fort, observe l'école primaire située en face, avec sa file de petits écoliers multicolores qui disparaissent à travers le portail, l'un derrière l'autre, pleurnichant ou souriant, après avoir été comptés par la dame en manteau noir.

Déjà sagement en rang dans la cour, sa petite sœur se retourne vers la maison pour lui faire coucou de la main, se doutant qu'elle est observée.

À 8 heures 35, il ne reste plus qu'un enfant en pleurs dans les bras de sa mère.

Fin du spectacle.

Sasha a du mal à se rappeler avant. Avant le drame.

C'était il y a neuf mois.

Ne pas y penser. Surtout pas.

Et pour ça, s'activer.

Faire pipi. Se laver. Se brosser les dents.

Elle se campe devant le miroir en pied.

Elle a un vieux visage.

Paupières lourdes. Yeux « husky », comme on lui disait. Des yeux d'un bleu presque transparent. Trop écartés, trop clairs. Trop bizarres.

Peau blafarde, trois boutons.

Front bombé derrière la frange.

Elle écrit sur le paperboard : *Paire de ciseaux aux lames aiguisées.*

Elle se ravise : sa mère va paniquer, c'est sûr.

Elle précise : *(Frange).*

Sa mère lui demandera peut-être, à travers la porte, si elle veut vraiment couper. Mieux vaut la laisser pousser, dégager son front d'intellectuelle.

Son front d'intello. Combien de fois l'a-t-elle entendu ?

Elle ouvre le robinet, laisse couler un mince filet d'eau, ébouriffe les poils de sa brosse à dents, presse le tube, le plie en quinze, jusqu'à obtenir une minuscule chiure rosâtre, qu'elle étale avec la pulpe de l'index.

De retour dans sa chambre, elle ajoute trois lignes à la liste :

Dentifrice blancheur
Dissolvant sans acétone
Barres de céréales au chocolat

8 heures 50.

Elle regagne son lit pour attaquer son petit-déjeuner. Reprendre son mug de café froid, dont l'amertume s'est renforcée. Flemme de se lever pour le réchauffer au micro-ondes.

Tranquille. Personne pour lui demander pourquoi elle se brosse toujours les dents avant de manger.

Elle a une pensée fugace et vaguement réconfortante pour Bahia, Mathieu, Léore et tous ses camarades qui pénètrent dans la classe au milieu des éclats de rire gras, le sac battant leurs flancs, aussi pour le « En silence ! » soufflé avec agacement par le professeur, le clappement de mains, pour les chaises qui raclent le sol, la porte qui se ferme sèchement sur l'ennui.

CLAC.

Son estomac fait trois tours sur lui-même.

À croire que, pour les souvenirs, ses entrailles ne font pas grève.

Chapitre 2

Manon Roger
À Sasha Vautier

Bonjour Sasha,

Mon nom est Manon Roger. Je suis psychologue et coach. Vos parents ont fait appel à moi pour vous venir en aide. J'ai créé l'association « Hikikomori France », et je m'occupe depuis plusieurs années de personnes dans la même situation que vous.
Au Japon, comme en France, le phénomène de réclusion des jeunes ne cesse de progresser. J'aimerais vous dire pour commencer que vous n'êtes pas seule, Sasha.
Il y a quelques années, aucun psychologue ne se déplaçait pour secourir les jeunes en difficulté. On s'attendait à ce qu'ils sortent de chez eux comme par miracle pour aller consulter. Vous conviendrez que c'est absurde. Aujourd'hui, nous sommes une

petite dizaine de spécialistes à nous rendre au domicile des hikikomori.
Vos parents m'ont demandé si j'accepterais de venir vous rendre visite. Nous pourrions débuter par une série de trois visites, puis faire un point ? Qu'en pensez-vous ?
Un de mes patients est sorti après une réclusion de douze mois.
Je sais par ailleurs que vous avez traversé une « terrible expérience » – ce sont les mots de vos parents – sans rien connaître de la nature de cette épreuve. Nous n'en parlerons que si vous vous sentez prête à le faire.
Je viendrai mardi, à 17 heures. Je manifesterai ma présence en frappant à votre porte. J'espère que vous me répondrez.

Bonne journée,
Manon Roger

Sasha remonte en haut de la page, relit une seconde fois. Vérifie la date. Elle a reçu le mail hier matin.
Une moiteur envahit soudain ses paumes.
Tadam. Badam. Tadam. Badam.
Hors de question, pense-t-elle. *Je n'ouvrirai pas.*

CHAPITRE 2

Elle se répète : *Hikikomori ?*

Hikikomori. Le mot lui plaît. C'est classe. Ça sonne plus manga qu'asile.

Elle cherche sur Google. *Clic clic.* Manon Roger. La psychologue a visiblement donné plusieurs interviews dans les médias. Pas n'importe qui, donc.

Dans la vidéo, elle a la quarantaine. Un rouge à lèvres coquelicot, des cheveux très noirs – sans doute teints –, un trait d'eye-liner, un bandeau rouge dans les cheveux, une marinière.

« Hikikomori, dit-elle, est un mot japonais composé de *komoru* : retraite monastique, et de *hiki* : être repoussé de l'extérieur vers l'intérieur. Au Japon, on estime à un million le nombre de cas d'isolement. Dans 80 % des cas, ce sont des garçons, il y a peu de filles. On estime que les garçons sont soumis à une pression sociale intense, qui les conduit à s'isoler ou à se réfugier dans les jeux. »

Bingo, ironise Sasha, *te voilà parmi les rares filles hikikomori ! La chance !*

« Le phénomène date des années 1990, poursuit la psychologue. Au Japon, il y a maintenant de "vieux hikikomori", ceux de la première génération. Ils vivent reclus depuis plus de dix ans ! Ici, en

France, on dénombre plusieurs dizaines de milliers de hikikomori. Peut-être plus. Il est très difficile de les recenser. »

Sasha retient son souffle.

« Malgré les investigations, il est difficile d'expliquer les raisons de ce retranchement. Un traumatisme, parfois. Pas toujours. Un syndrome provoqué par notre société dysfonctionnelle ? C'est probable. On pense aujourd'hui que l'hypersensibilité de certains jeunes est en cause. Ils s'isolent dans leur antre pour échapper aux injonctions contradictoires, à la violence d'un monde qu'ils ne comprennent plus. Ils ont perdu foi en la réalité et lâchent d'un coup. À partir de ce moment-là, ils refusent tout contact social, amical ou familial. »

Neuf mois plus tôt, Sasha est tombée dans un trou noir. L'astéroïde du diable, à des années-lumière de tout espace connu. Caractéristiques : planète de onze mètres de diamètre, gravitant dans la galaxie de l'Hypersilence, sans aucun lever de soleil.

Ni monarque, ni géographe, pas même un ivrogne (sauf si on compte le Coca light), et zéro mathématicien (sauf à calculer les jours qui passent). Peut-être est-elle seulement une reine folle, qui dirige un unique sujet – elle-même. Ou bien un allumeur de réverbères qui passe son temps à les éteindre. Sur sa planète, nul soleil, mais un fleuve qui vrombit en elle. Ses veines sont des rivières, ses poumons, des montagnes. Et dans sa gorge pousse un baobab qui menace de l'étouffer.

On lui a dit : « Sors de ta coquille. »

On lui a dit : « Plus tu t'enfermes, plus ça sera difficile. »

On lui a dit : « Tu nous as bien fait rire, mais maintenant c'est FI-NI. SORS ! »

On a lancé de grands coups de pied dans sa porte.

On lui a répété : « Les murs peuvent s'élever en une nuit. Les barbelés se multiplient bien plus vite que tu ne l'imagines. Des barbelés qui se doublent et se triplent. Et deviennent électriques. »

On lui a affirmé : « C'est TOI qui as la clé, bon sang. »

C'est vrai, elle a la clé. Elle est à la fois Gardienne et Prisonnière. Et, quelque part sur l'astéroïde en pleine dérive, ces deux-là parlent à n'en plus finir.

GARDIENNE : Regarde, comme tu es bien, ici. Il y a ta bonne odeur de vieux bébé rance. Ta salle d'eau privée. Tes clopes. Et avec ce room service digne d'un palace, pourquoi tu sortirais ? Tu crois que les hommes préhistoriques auraient appris à chasser si on leur avait livré un Double Mammouthburger au cheddar au pied de la grotte ?

PRISONNIÈRE : C'est PAS un choix. Je ne PEUX pas. J'ai peur… J'ai essayé, tu te souviens ? J'ai cru mourir.

GARDIENNE : Tu te laisses combien de temps ? Dix, quinze ans ? Comme les vieux hikikomori japonais ? T'as vu tes cheveux ? On dirait Hagrid avec des nids d'oiseaux derrière l'oreille.

PRISONNIÈRE : J'ai demandé une paire de ciseaux, et tu le sais très bien. Et puis je n'ai à rendre de comptes à personne.

Les voix ripostent, se chamaillent, s'attaquent.

GARDIENNE : Je vais te dire moi, ce que tu es : une putain de survivaliste. T'en as pas marre de vivre dans ton bunker comme si tu cherchais à fuir une pandémie ? Ou la planète ammoniaquée du Dr Mann ?

PRISONNIÈRE : Arrête avec tes références à *Interstellar*. Pitié. Je l'ai vu cinq fois de suite, ça me rend dingue.

GARDIENNE : Dans trente ans, on en sera tous là, sous cloche. Et toi, toujours ici, à l'étage. Dans le noir. Tu veux la vérité ? Moins t'en fais, moins t'en fais. Et Markus ? Tu penses encore à Markus ?

PRISONNIÈRE : Tu te TAIS. Tu files DERRIÈRE la porte, petite sentinelle de merde et tu GUETTES. Tu ne laisses RIEN passer. D'accord ? Je ne veux plus entendre son nom.

GARDIENNE : J'ai une bombe contre le remords et les insectes rampants. Pschitt, et les souvenirs se retrouvent sur le dos, asphyxiés, gesticulant de leurs six pattes.

PRISONNIÈRE : Je ne veux même pas entendre le mot SOUVENIR.

Sasha enfonce ses écouteurs dans ses oreilles.

Elle n'allume pas la lumière. Il lui semble que l'obscurité conserve son odeur, ses particules d'être, tout ce qui fait qu'elle est elle-même et pas une autre.

Elle enfile son legging noir, noue ses cheveux en un gros chignon au-dessus du crâne.

Elle tourne le curseur du vélo. Grimpe, cale ses pieds sur les pédales, et démarre. 14 tours/minute. *Tadam, badam.* Écarter les souvenirs poisseux, repousser le drame du passé.

Après 35 minutes de vélo d'appartement, quand le guidon glisse sous la sueur de ses mains, que son cœur menace d'exploser, que ses jambes tremblent d'avoir tant forcé, elle est bien. Elle descend, éteint l'appareil, passe ses avant-bras sous l'eau glacée du robinet, asperge son visage, son cou, ses cheveux.

Au tout début, elle n'avait pas ces rituels de santé. Elle jouait à *Fortnite, League of Legends*. Regardait *Breaking Bad* en boucle. Puis *Homeland*. Puis *Stranger Things*. Puis *Breaking Bad*. Puis *Stranger Things*. Elle suivait des influenceurs. Il lui était arrivé de passer dix minutes à observer un bébé tortue de mer tenter de rejoindre l'océan sous le regard des mouettes prédatrices et des crabes affamés. Juchée sur ses pattes courtaudes, la petite tortue gagnait la mer, jusqu'au moment où la vague la ramenait encore et toujours sur le sable. Et puis, elle y est parvenue, elle s'est jetée dans les flots.

L'influenceur avait crié : « *Yesss! She made it! SHE MADE IT!*[2] » Et Sasha avait eu les larmes aux yeux. Quelque part, c'était délicieux, de regarder une vidéo puis d'éteindre, et de vivre ainsi sans que jamais rien ne prête à conséquence.

Elle faisait des pompes, du gainage, la chaise contre le mur. Et puis un jour, sa mère lui avait proposé le vélo d'appartement auquel personne n'avait touché depuis trois ans. Sasha avait répondu un

---

2. « Oui ! Elle l'a fait ! Elle l'a fait ! » en anglais.

simple « oui » sur un bout de papier, elle sentait le piège arriver.

Il avait fallu le démonter pour le passer dans l'escalier. Elle avait entendu le bruit des pas, les grognements énervés, puis le « ho hisse, attends, tu tapes contre la rampe ! ».

Son père, en embuscade derrière la porte, lui avait demandé d'ouvrir.

– Championne, je vais te l'installer, allez, ouvre.

Ce jour-là, elle s'était repliée au centre de sa chambre, tête entre les bras, comme si les coups frappés à la porte pleuvaient sur son dos.

Le cadeau avait une contrepartie.

Elle n'avait jamais monté quoi que ce soit de sa vie. Mais quand vous êtes coincé sur l'astéroïde B.612, en rade dans le désert, sans aviateur paumé, sans mécanicien fou, sans petit angelot blond à vos côtés, avec rien qu'un bloc de papier pour gribouiller un mouton ou vos états d'âme, vous n'avez pas le choix.

Elle avait empoigné le tournevis que son père avait pris soin de lui laisser, et elle y était parvenue. Et depuis, ce grignoteur de calories et d'angoisse l'aidait à dissoudre son baobab. Elle le calait sur la résistance 14, vissait ses écouteurs dans ses oreilles, allumait sa playlist « run années 2000 ». Et pédalait. Jusqu'au moment où le baobab, au fond de sa gorge, disparaissait.

Elle était passée d'ectoplasme à ectoplasme musclé.

***

GRRRT GRRRT.

– Sasha, Sasha ?

Elle s'immobilise, le cœur battant. Elsa. Depuis combien de temps est-elle là, en train de grattouiller ? Elle approche de la porte, paralysée. Sa petite sœur chuchote, comme si elle se sentait prise en faute de lui parler.

– Sasha, coucou Sasha, tu m'entends ?

Elle écoute la voix mignonne d'Elsa, et soudain ses yeux de husky piquent un peu.

– Dans (un, deux, trois, quatre, cinq), oui, CINQ, dans cinq jours on va aller choisir ton cadeau...

– ...

– Ton cadeau d'anniversaire. Alors ? Tu veux savoir ce que c'est ?

– ...

– J'ai pas le droit de te dire. Mais... tu sais, tu sais, tu sais... Tu vas être OBLIGÉE d'ouvrir la porte, ha ha. OBLIGÉE, je te dis.

Elsa s'est tue. Le gratouillement recommence.

– Sasha... Tu descendras ? Dis ?

– ...

CHAPITRE 2

– Je t'ai écrit une lettre... Oh là là, pfff, ça passe pas. Maman, ça passe pas, elle est trop GROSSE ma lettre ! Bon, je vais réessayer. Et puis, tu sais, tu sais... j'ai eu un A en lecture. Le maître, il a dit que j'avais la lecture FLUIDE. Tu sais ce que c'est, la lecture FLUIDE ? Ça veut dire que je lis vite et que je comprends. Et tu sais, tu sais, on a fabriqué des crottes en chocolat à l'école. C'est pas grave si tu n'ouvres pas, hein, c'est pas grave, Sasha, je t'ai fait des dessins en plus. Dis, tu me répondras, dis, cette fois ? Oh là là, j'ai hâte. Hein, Sasha, oh, tu m'enverras une lettre, toi aussi, hein ? C'est rigolo. Maintenant que je SAIS lire.

Sasha entend une voix, étouffée, en bas : « Elsa... »

– Bon, maman dit que je dois te laisser tranquille. Que t'es fatiguée. T'es fatiguée, dis ?

La porte grise, devant elle, se brouille.

Ses yeux de husky fondent doucement.

Deux glaciers en pleine débâcle climatique.

Ses épaules tressautent comme si elles vivaient leur propre vie.

Un début de papier blanc apparaît. Elle lit :

« Pour Sasha, derièr la porte,

Sou l'escalié. »

Comme Harry Potter.

HIKIKOMORIE

La petite a tourné les talons, alors Sasha a tiré la feuille. Il y a un gros cœur rose crayonné sur l'enveloppe, avec un grand S à l'intérieur. Comme un serpent.

Elle déplie la lettre.

« Sasha, arete.

Sasha, maman pleure, papa cri.

Sasha quand tu m'emène à l'école ?

Sasha, SOR siteplait. SOR. »

Sur son cahier, Sasha écrit :

HIKIKOMORI

HIKIKO-MOJITO

HIKIKO-MORBIDE

HIKIKO-MOURUE

HIKIKOMORI-E

Chapitre 3

Difficile de dire quand cela avait commencé. Peut-on seulement savoir quand est apparue la première poussière d'étoile ; les premières particules de l'astéroïde sur lequel elle a trouvé refuge depuis tant de mois ? Cela avait-il débuté à son entrée en crèche ? Ou lors de cette partie de cache-cache, à 7 ans, où elle était restée sous son lit sans bouger, jusqu'à la tombée de la nuit, jusqu'au moment où une de ses amies s'était mise à hurler d'angoisse, craignant que Sasha n'ait totalement disparu ? Elle songeait parfois que son goût pour la solitude était peut-être né là.

Toute petite, Sasha entendait souvent des : « Tu as avalé ta langue ? Pourquoi tu ne dis rien ? » Elle ne voyait pas ce qu'il y avait de mal à cela. Avaler sa langue, jusqu'à disparaître tout entière était devenu un réflexe de survie... C'était sa façon de se préserver des autres, de leur regard, de leur jugement. *Qu'est-ce que ça changeait ?* se demandait Sasha, *de parler ou pas*. Flemme de choisir les mots.

Depuis quelques semaines, Sasha bute sur ce lugubre soir de mai, où, entre deux tranches de fromage, dans le tintement des couverts sur les assiettes, *tac tac*, et le raclement du couteau sur le poêlon, *frrac*, son père avait lancé :

– Dis donc, Championne…

Elle avait alternativement droit à Princesse et Championne.

Il avait penché la tête sur le côté (ce qu'il faisait souvent en la regardant), en haussant les sourcils d'un air interloqué ou soupçonneux, nul ne savait.

Sasha avait levé les yeux de son assiette, remarqué son regard fébrile, ses épaules tendues, ses sourcils dansants.

– Quoi ? avait-elle marmonné.

– On ne va pas te laisser aller dans ce lycée de seconde zone, avait-il assené. Surtout après ce qui s'est passé cette année.

Il avait froncé les sourcils, bouche ouverte, en broyant sa pomme de terre.

– Quoi ?

– Comment ça, « quoi » ? Ils t'ont bien fait la misère, cette année, non ? Ce sont les mêmes que tu retrouveras au lycée, te fais pas trop d'idées !

Sasha n'avait rien répondu et son père avait poursuivi la conversation seul, son épouse hochant la tête par moments en signe d'approbation. Elsa, quant à elle, jouait avec les brocolis dans son assiette sans se soucier de la tension.

Soudain, il avait évoqué Victor-Hugo. Le prestigieux lycée Victor-Hugo.

Il avait sorti son téléphone et s'était mis à lister les qualités de l'établissement scolaire : huit classes par niveau, des classes préparatoires aux grandes écoles, un parc verdoyant, un amphithéâtre, une salle de danse et un grand gymnase... Depuis son septième anniversaire, elle entend ses parents parler de cet eldorado qui trie sur le volet les têtes pensantes de demain.

Emporté dans sa tirade, son père avait claqué sa serviette sur le rebord de la table avant de lever l'index.

– C'est décidé ! Changement de vie, d'énergie. Nouveau *mindset*[3].

Sasha avait haussé les épaules.

– Tu parles comme un influenceur, papa. On sait même pas si je serai prise.

Son père avait montré les dents.

– Tu nous rappelles ta moyenne en maths ? 19,78, c'est ça ? Et en plus tu as sauté une classe !

3. « État d'esprit », en anglais.

Elle s'était tue. Il n'avait retenu que les maths et lui balançait ses notes comme si c'était tout ce qui comptait. Sa mère avait fini par s'y mettre aussi :

– Donne-toi toutes tes chances, ma puce. Papa a raison, tu sais. Surtout si tu veux faire médecine plus tard.

Sasha avait ricané :

– C'était une blague, maman. Le jour où j'ai pensé à être psychiatre, c'était pour soigner cette famille de fous.

Son père avait levé un pouce complice, amusé par la réplique de sa fille. Sasha s'était retenue d'aller plus loin. Ce qui l'intéresse, c'est le dessin. Les mangas. Les romans graphiques. Elle aime plus que tout sortir son carnet dans le métro, dans le bus, dessiner les orteils qui s'agitent, les mains aux ongles rongés, les nez rougis par le froid, les bouches qui se tordent d'ironie, les détails minuscules des corps en mouvement. Le jour où elle en avait parlé à sa famille, son père avait éclaté d'un rire coupant comme un scalpel. Elle aurait pu argumenter, elle avait noirci tellement de carnets de croquis, au crayon, au stylo à bille, au fusain. Mais si elle avait insisté, elle aurait eu droit à une foule de questions. Et son talent se serait évaporé sur la table de dissection.

CHAPITRE 3

Ses parents avaient donc fait une demande de dérogation et envoyé son dossier à Victor-Hugo, ignorant son souhait de s'inscrire dans un petit lycée qui propose un cursus d'arts plastiques réputé. La dernière semaine de juin, le message était parvenu directement dans la boîte mail de Sasha, tôt le matin. Il était écrit que Mlle Sasha Vautier était acceptée au lycée Victor-Hugo. Elle l'avait lu plusieurs fois sans y croire, jusqu'au moment où elle avait croisé les yeux de tigre blanc de son père ; elle avait senti l'émotion paternelle affluer sur son visage, avant qu'il ne se remette à tourner sa cuillère dans sa tasse d'Earl Grey.

– C'est bien, ça, Princesse. Une super bonne nouvelle.

– Tu viendras toujours me chercher à l'école, hein ? avait demandé Elsa dans la foulée.

Son père avait pris appui sur la table avant de se lever, la chaise avait raclé le sol.

– Ma biquette, elle n'aura plus le temps.

Les choses sérieuses commençaient. Personne n'avait parlé d'anciens ou nouveaux amis. C'était, déjà, un sujet.

***

Le jour de la rentrée, elle s'était levée à 6 heures pour procéder à ses essayages devant le miroir. Depuis la banlieue, elle avait calculé qu'il lui faudrait au moins 50 minutes pour être à l'heure au lycée.

Elle avait écarté le Levis déchiré (trop destroy), le denim blanc (trop voyant), le pantalon à pinces (trop serré), et finalement opté pour un jean slim noir et un polo Lacoste rayé noir et blanc style années 1980, trouvé sur Vinted. Elle avait enfin saisi son sac bandoulière, celui qui proclame je-suis-comme-vous.

Sasha ne s'aimait pas. Elle était plate et osseuse, les cheveux trop fins, le menton pointu, le nez long, le teint trop pâle, le front trop bombé. Elle avait aimé ses yeux bleu pâle, presque transparents, jusqu'au jour où on l'avait successivement surnommée « Jack » (à cause de la scène finale de Titanic où ses cils se recouvrent de givre) puis « Husky ».

« Tes yeux bleu glacier », disait sa mère.

« Ton regard Vautier », disait son père.

« Tes yeux trop chelous », disaient les autres.

À 7 heures 50, son père l'avait déposée non loin du lycée, puis lui avait tapé affectueusement sur l'épaule.

CHAPITRE 3

– Courage, Championne, ça va aller ! Et n'oublie pas ce que je t'ai dit hier, au sujet des repas, hein ? Vite dégainer la conversation pour ne pas être laissée de côté.

Il avait claqué la portière et l'avait jetée dans l'arène. Ce « Courage » qu'il avait lancé avait arraché comme un ongle son peu de confiance en elle. Elle s'était retrouvée nue, sans protection, devant l'entrée.

Après avoir pris une grande inspiration, elle était passée sous l'arche démesurée qui affichait fièrement « Lycée Victor Hugo », se frayant un chemin entre les rires assourdissants, les cris de joie, les checks et les coups de coude.

Déjà, deux petites voix s'immisçaient en elle.

SASHA 1 : Souris, épaules en arrière, menton en avant, tu te lances.

SASHA 2 : Pour aller où ?

SASHA 1 : T'en fous. Tu fonces, tu poses une question. Genre : « Tu connais les profs ? » ou « T'étais au collège dans ce bahut ? »

SASHA 2 : Plus personne ne dit « bahut ». Sauf papa.

SASHA 1 : Soupir. Si tu ne chouines pas, tout va bien se passer. Sinon, c'est mort.

SASHA 2 : Le croco sur mon Lacoste est relou. L'impression qu'il va me bouffer toute crue.

SASHA 1 : Comme d'hab, tu te focalises sur un détail. C'est qu'une étiquette, merde. Fonce ! Rappelle-toi ce que le daron a dit : « Au cours d'un repas, il faut adresser la parole à son voisin dès les premières secondes. Sinon, la mécanique sociale se met en route, le voisin de droite parle avec celui de gauche, et vice versa. Et tu te retrouves à sculpter ta mie de pain. » Tu veux passer une année à faire des boulettes ?

SASHA 2 : Tais-toi, avance.

La cour de récré est un échiquier où l'on évolue selon des règles obscures. On se déplace de quelques cases, on court, on marche. Certains progressent d'un pas déterminé sur une ligne invisible, comme des pions aimantés les uns aux autres.

Sasha les avait observés se taper dans la main, se prendre dans les bras, glousser de joie. Devant elle, on s'étreignait, on s'agrégeait, on s'exclamait :

– Ma puuuuuce, tu m'as trop manqué.

– T'as bossé, toi ? Moi rien !

Les groupes se formaient, les corps s'agrippaient. Certains s'ouvraient à l'inconnu, accueillaient un nouvel élément passé au filtre collectif – du moins s'il avait le bon sourire, le bon geste, le bon mot. Stratégie.

CHAPITRE 3

SASHA 1 : Bouge. Dépêche. Tu vas pas rester plantée ici.

SASHA 2 : Là, à droite… ?

SASHA 1 : Trop tard, elle est partie.

SASHA 1 : Et la fille aux cheveux rouges, devant, qui a l'air de chercher quelqu'un ? Vas-y, cours !

SASHA 2 : Elle agite le bras, elle vient de retrouver une pote.

Dans la cour, les petits groupes s'étaient consolidés. Comme à son habitude, de tout là-haut, sur son nuage, Sasha avait fini par lancer un coup d'œil panoramique sur la scène qui se déroulait autour d'elle. Et en avait conclu qu'elle était la seule à être seule.

SASHA 1 : Putain.

SASHA 2 : La bouffonne.

« La chance, c'est une question de temps, répétait son père, elle bascule en quelques minutes ». Il disait aussi : « *You doubt, you lose* », « Tu doutes, tu perds ».

Sasha savait bien qu'elle n'était pas plus lente qu'une autre. Elle était même probablement bien plus rapide, saisissait les occasions au vol, percutait au quart de tour. C'était sans compter cette petite voix qui venait questionner, contredire son premier élan, et finalement la ralentir. Cette *fucking* petite voix geignarde qui la tirait en arrière, qui l'entraînait de tous les côtés, là où elle n'avait rien à faire.

Au moment où la sonnerie avait retenti, le proviseur avait surgi, encadré de trois femmes et d'un homme. Mégaphone à la main, il avait grimpé sur un banc, crachotant un «bonjour» enthousiaste. Dans la cour, tout le monde s'était retourné vers cet homme aux allures d'énarque, les dents abîmées par la nicotine. Son discours sifflait dans le mégaphone. *KSSSS*. L'équipe mettrait tout en œuvre pour la réussite des élèves. *KSSSS*. Le bac était proche *XSSSS*. Et, en dessous de la mention très bien, nul n'ignorait que le bac n'avait plus aucune valeur.

Il avait ensuite présenté les professeurs principaux des huit classes de seconde. Ceux-ci allaient accompagner leurs élèves dans leur salle.

Qui était qui? Sasha était déjà perdue. Le proviseur égrena la liste des élèves de chaque classe avant de conclure:

– Le lycée Victor-Hugo est votre maison, je veux que vous vous y sentiez aussi bien que chez vous.

La sonnerie avait à nouveau retenti, stridente.

Sasha était inscrite en seconde deux. Elle avait dû demander à une fille qui était le professeur à suivre.

CHAPITRE 3

L'estomac rétréci à la taille d'une noisette, d'où s'échappaient des gargouillements aussi sonores qu'un orgue de barbarie, elle avait suivi les élèves dans l'escalier, agrippée à la rampe, bousculée par les sacs qui leur battaient les flancs.

– *Sorry*, a lâché un grand mec costaud, après lui avoir assené un coup dans la hanche.

– Pas grave, avait-elle soufflé, la gorge nouée, avant de pénétrer dans la salle 210.

L'odeur de peinture fraîche lui soulevait le cœur. Le lait tiède du matin n'était pas passé. Elle aurait dû glisser une barre de céréales dans sa poche.

Pendant que l'enseignante les invitait à s'installer et commençait déjà à se présenter, elle avait repéré une place libre, à la droite d'un garçon avec un bras en écharpe. Déclipsant son sac pour sortir ses affaires, elle avait murmuré à son voisin :

– Salut. Moi, c'est Sasha.

– J'ai besoin de place, avec mon bras, avait marmonné le garçon.

– J'en prends pas beaucoup. Et je peux t'aider si tu veux, pour noter. Euh... Si besoin, hein.

L'autre avait eu un regard en coin.

– Pas besoin, mais OK, avait-il rétorqué avant de retomber dans son mutisme.

La prof avait tapé dans ses mains et Sasha s'était figée sur sa chaise, regrettant d'avoir jeté son dévolu sur ce voisin si taciturne.

– Vous êtes 39 cette année, je compte sur vous pour rester calmes. Il est hors de question que je passe mon temps à faire la police.

Elle avait ensuite compté sur ses doigts :

– Et d'un : pas de messes basses. Et de deux : pas de raclements de chaises sur le sol. Et de trois : pas de claquements de porte.

Elle avait désigné la fille aux cheveux rouges, au premier rang. Celle que Sasha avait tenté d'aborder, tout à l'heure. Cheveux rouges, yeux bleus et air buté.

– Votre prénom, mademoiselle ?

– Daria.

– Mademoiselle Daria, voulez-vous fermer la porte, s'il vous plaît ?

La fille s'était exécutée de mauvaise grâce en faisant claquer ses talons.

Sasha avait ravalé son angoisse, et le cours avait débuté.

Elle avait pensé au visage déconfit qu'aurait sa mère à son retour, et avait décidé de dire que oui, elle s'était fait une amie, déjà. Quelle chance. Dès le premier jour. Comme quand elle était petite, avec son amie imaginaire la pieuvre en peluche, à laquelle elle écrivait toujours dans son journal. Sasha aurait bien aimé savoir si d'autres ados, ici, parmi les 39 élèves, parlaient encore à leur ami imaginaire.

Poolpy, donne-moi du courage, il y a bien quelqu'un qui m'attend quelque part, non ?

Chapitre 4

Dans la chambre, 14 février 2024

– Il est trooop mignon. Viens là, allez, petit chat, viens là. TUT-TUT-TUT ! Petit, petit... Petit chat, viens ici ! Oh non, maman, il est parti !

– Il a filé, pupuce, mais il va revenir. Il a encore peur, tu sais... Il a trois mois seulement. Trois mois, pour un chat, c'est comme six mois pour un bébé humain. On a peur de tout le monde.

– Tu crois qu'elle va ouvrir sa porte ?

– Oh oui, j'en suis sûre. Elle ne pourra pas résister à un cadeau aussi joli ! Elle en rêve depuis si longtemps de ce petit chat !

Sasha plaqua ses mains sur ses oreilles. *Taisez-vous, par pitié.*

Cavalcade, course-poursuite. Messes basses, gloussements, petits cris...

– Oh, regarde sa petite queue, là ! Il est caché sous la commode... Je vais l'attraper.

– Elsa, non ! Ne tire pas sur sa queue !

Les bruits résonnent dans la tête de Sasha.

Quel boucan. Mais qu'est-ce qu'ils ont, tous... Ils courent après quoi ?

Elle soulève son masque pour les yeux, tend le bras, tâtonne au creux de son lit et attrape son portable.

13 heures 50. *Putain. Ils ne s'arrêteront jamais. Même le dimanche.*

Son écran affiche une quinzaine de messages :

> JOYEUX ANNIVERSAIRE, ma puce. Mamie Martine.
>
> Sweet sixteen.
>
> Happy day, princess! Profite, bichette, je t'aime.
> Bahia.
> P.-S. : Mes parents ne sont pas là le week-end prochain, tu veux venir ? Prendre l'air, pousser ta fucking porte ? Au fait, j'en suis à mon douzième message sans réponse.

Elle repose son téléphone sans lire la suite. Est-ce qu'elle a vraiment envie d'avoir 16 ans ?

Sasha se rêve sans âge, sans échéance, sans projet.

CHAPITRE 4

Juste s'accorder une pause en CDD. Quelques mois sans ces petites phrases pernicieuses des adultes.

Ne gâche pas ta jeunesse. Reprends ton élan. Premier jour du reste de ta vie. Joyeux anniversaire.

Est-ce qu'on pourrait lui laisser ses 16 ans vierges, sans lui coller d'office 16 objectifs par-dessus le marché ?

Et surtout pas de cadeau. Ni don, ni dette. Elle ne veut rien devoir à personne.

Aujourd'hui, elle est dans le ventre de la baleine. Elle oscille entre deux vagues, elle sait déjà qu'elle aura du mal à tenir debout. Allongée entre les côtes, elle perçoit des ultrasons, des messages implicites, des sons étouffés qu'elle aimerait ne pas avoir à traduire.

Elle cale ses écouteurs dans ses oreilles et ouvre ses mails.

Cinq messages non lus. Dont un de Manon Roger.

Manon Roger
À Sasha Vautier
Bonjour Sasha,

Hier, je suis venue te voir, mais en tendant l'oreille, je n'ai entendu aucun bruit. Peut-être dormais-tu ou écoutais-tu de la musique avec ton casque ?

Nous pouvons échanger par mail si tu le souhaites.
Je viendrai mardi prochain, à 15 heures 30.
Tu dois savoir que quand je viens, tes parents ne sont pas là. Personne ne peut nous entendre. Et tu connais sans doute le serment d'Hippocrate : les professionnels de santé sont tenus au secret et ne divulguent jamais ce que les patients partagent avec eux. Tout ce que tu me diras restera entre nous, et je n'en informerai jamais tes parents.

J'aimerais te confier quelque chose : mon fils s'est retrouvé dans la même situation que toi pendant un an et demi. Je sais ce que tes parents traversent. Je ne peux qu'imaginer ce que toi, tu as en tête.

Sasha se redresse et allume une cigarette. L'extrémité rougeoie dans le noir, elle la laisse se consumer entre ses doigts en secouant la tête. Elle lit, relit. Elle n'aime pas.

Cette Manon Roger utilise son fils comme un appât. Elle s'attend ensuite à ce qu'on lui fasse confiance. Ben voyons.

Enfin, elle l'a tutoyée. C'est une technique propre aux manipulateurs, l'alternance du « tu » et du

« vous ». Certains profs font ça. Je te rapproche, je t'éloigne, je t'exclus, je te jette, je te reprends. Des marionnettistes qui agitent les ficelles.

Soudain, une notification. Un nouveau mail de Manon Roger.

Sasha,
Je me relis, et je m'aperçois que je vous ai tutoyée. Je suis désolée. C'est l'habitude. Dites-moi ce que vous préférez.
À mardi !
J'en profite pour vous envoyer un lien vers cette page Facebook : *Porte H*. Elle regroupe 10 000 abonnés, dont la plupart sont des jeunes reclus. Vous verrez que vous n'êtes pas seule.
Bien cordialement,
Manon R.

Sasha écrase son mégot sur le rebord de la canette, et attrape son casque.

PRISONNIÈRE : C'était elle, le petit bruit, l'autre jour ?

GARDIENNE : J'y ai pensé. Mais j'ai repris mon casque. Et je me suis rendormie.

PRISONNIÈRE : Tu peux lui demander des informations sur son fils, non ?

Gardienne : C'est une histoire de mytho, son fils. Tu y crois, toi ?

Prisonnière : Ouais. Parfois, les psys ont vécu des trucs glauques.

BABABAM ! Elsa qui dégringole l'escalier.

Miaou, miaou… MIAOU.

– Il est là !

La cavalcade reprend dans l'escalier.

Mais putain, arrêtez de hurler.

Sasha plaque l'oreiller sur ses deux oreilles.

Oubliez-moi.

Ça gratte à la porte.

– Sashaaa ! Ouvre, Sashaaa ! s'écrie Elsa.

Elle se lève péniblement et se tient là, derrière la cloison. Immobile, les bras qui pendent le long du corps. S'il y avait un œilleton, elle se risquerait à se hisser sur la pointe des pieds pour examiner le visage réjoui de sa petite sœur, le front déformé par l'œil-de-bœuf. Peut-être s'est-elle fait couper les cheveux ou a-t-elle perdu une nouvelle incisive.

– Ouvre, Sasha, il est LÀÀÀ, devant la porte ! Zut, il s'en va !

CHAPITRE 4

Encore un piège des parents. Comme le jour où ils ont débranché la box, juste pour avoir une réaction. (Oui, elle a effectivement hurlé aux quatre coins de sa chambre, belle réaction.) Ou pire, quand ils lui ont annoncé que son grand-père était hospitalisé. Ou la fois où son père s'est mis à lancer des grands coups de pied dans la cloison, en menaçant d'aller chercher la scie sauteuse.

Sasha colle sa joue contre le bois. C'est doux. Chaud. Il lui semble sentir la présence de sa petite sœur à travers la cloison.

– Sasha, murmure Elsa. Tu choisis quoi, comme nom, pour le chat ?

Comme chaque fois, les mots ne parviennent pas à franchir ses lèvres. Elle reste muette et pense *Hikiko*. Elle ne peut le dire, mais elle le pense fort, de l'autre côté de la porte, et espère qu'Elsa entendra ce qu'elle ne dit pas.

– Maman, elle dit qu'il faut un nom qui commence par « M ». Papa dit Misty. Maman a dit Moustache. Ou bien… Je sais pas.

Sasha arrache alors une feuille de son cahier, trace un triangle hérissé de petits poils, ajoute de grands yeux fendus au centre, des cils interminables. Elle écrit au-dessus « MOCHI » avant de glisser la feuille sous la porte.

Elsa émet un petit « oh » de surprise. Le froissement pressé, la petite voix qui lit :

– MO-KI. Maman, Moki, ça irait, comme nom ?

– Elle t'a répondu ? s'exclame une voix lointaine.

– Elle m'a écrit. Regarde.

La voix de sa mère se rapproche, *frrrt*, bruissement de papier, parfum vanillé.

Fermer les écoutilles. Cadenasser la bouche de la baleine. Elle pourrait écouter sa petite sœur pendant des heures sans doute, mais sa mère fait vriller quelque chose en elle. Les paroles enjouées, l'espoir permanent qui transpire par tous ses pores la crispent, l'empêchent. Elle ne peut pas. Ne veut pas l'entendre.

– Oui, Moki ça va très bien ! Surtout si c'est le choix de Sasha. Oh, regarde, puce, c'est Mochi, pas Moki.

– Mochi, c'est moche ! crie Elsa en larmes.

– Non, c'est trop mignon, Mochi. Tu sais, ce sont des petits gâteaux tout mous à l'extérieur avec un cœur glacé à l'intérieur.

– C'est rigolo, ça me rappelle quelqu'un !

Tiens, la voix du père.

Et sa mère pathétiquement guillerette, comme d'habitude.

D'ailleurs, mother, les mochi ne sont pas TOUS glacés.

CHAPITRE 4

–C'est vraiment adorable, Mochi. Je valide. À la vanille, au sésame, à la pistache… Et celui-ci, on dirait vraiment du sésame noir. Regarde la couleur ! Viens, on descend… Aïe ! Il m'a mordu !

Sa petite sœur est vite convaincue. Elle rit et lui lance :

–T'as compris Sasha, hein ? T'as compris ? C'est pour toi, c'est TON chat. TON cadeau. C'est un petit chaton gris aux yeux vert fluo.

Maintenant, elle s'en fout. Elle s'en fout, mais son cœur bat la chamade.

Si tu continues à t'enfermer, tu vas devenir ÉNORME. CHIFFE MOLLE.

–Sasha, c'est moi, Elsa. Tu sais, les chats, ils ont pas besoin de sortir… Ils font caca dans une boîte à sable, hein, tu sais ? Mais si tu le veux pas, moi je le garde.

Derrière la porte, elle continue de soliloquer.

–Qu'est-ce que tu dis ? J'entends rien… Tu le veux, ou tu le veux pas ?

Sasha ouvre la bouche, mais les mots restent coincés dans sa gorge. Elle voudrait tant être capable de répondre à sa petite sœur, lui dire qu'elle adore déjà ce petit chat. Elle n'y arrive pas. Tout est fermé chez elle, en elle.

N'ayant obtenu aucune réponse, Elsa s'impatiente sur le palier.

– Maman, Sasha elle en veut pas ! crie-t-elle à sa mère. Alors il est POUR MOI.

Elle se tait un instant, et Sasha perçoit au loin la voix grondeuse de sa mère sans comprendre ses paroles.

– Ben si, elle veut pas ouvrir... réplique sa petite sœur.

Un bruit de pas décidés se fait entendre, et la mère de Sasha dit doucement :

– Pour l'instant. Chaque jour suffit sa peine. Laisse-la réfléchir encore.

Peu après, le silence se fait dans le couloir. Sasha s'allonge à nouveau, la main sur le ventre. Elle a l'impression que son cœur bat sous sa paume.

Elle fait mine de porter un toast : « Joyeux anniversaire, *Creepy* ! »

Elle est interrompue par le son d'une notification. Un mail de sa mère. Plus exactement : le mail faussement gai d'une mère dépressive, saturé de points d'exclamation et de formules glanées sur les réseaux pour faire jeune.

Lisbeth Vautier
À Sasha Vautier

CHAPITRE 4

Bonjour ma petite chérie,
Joyeux anniversaire ! Elsa n'a pas pu tenir sa langue, la chipie !!! Et voilà, tadam ! Un chaton ! Tu vas l'adorer !
On l'a récupéré auprès d'une famille d'accueil. C'est un jeune korat. Je crois qu'il va rester petit.
Mamie vient à l'heure du goûter. On va aller la chercher. Si tu veux descendre, tu sais quel plaisir tu lui ferais… Elle ne peut plus monter l'escalier.
Ton silence m'inquiète tant.
Je t'embrasse, ma chérie. Force à toi.
PS : Mochi, vraiment, trop bonne idée ! Tu es une magicienne des mots.

Pfff… Elle en fait toujours trop. Et cette tentative de culpabilisation avec mamie Martine. Elle croit peut-être que ça ne la blesse pas de rester à l'écart comme ça ? Qu'elle n'est pas terrifiée à l'idée de peiner sa grand-mère adorée ?

Elle se rend sur la page Porte H, lit quelques messages de parents désespérés, voit passer des astuces grotesques : « Cessez donc de leur fournir vivres et couverts, ils finiront par sortir ! » « Si les ados préhistoriques avaient reçu leur cuissot de mammouth sur un plateau à l'entrée de la caverne, jamais ils n'auraient pris la peine de chasser avec leurs arcs et leurs flèches » « Coupez-leur Internet, et ils cesseront enfin leur ersatz de vie. Bougez-vous les jeunes ! La planète brûle et vous courbez l'échine. On vous attend ! Quelle génération vous formez ! Luttez contre la facilité, contre vous-mêmes, supprimez Netflix et Amazon Prime, cessez de cultiver vos avatars et OUVREZ LA PORTE, BON SANG ! »

Sasha croise les jambes, les décroise, les recroise. Un typhon se prépare au creux de son nombril, il est en route. Ça y est, elle fourmille de colère, le bout de ses doigts tremble. Ses mains courent sur le clavier à la vitesse de l'éclair :

> Aujourd'hui, mesdames et messieurs les relous, c'est mon anniversaire… J'ai 16 ans. Je fais partie de ces recluses, celles qui préfèrent comater plutôt qu'aller courir derrière un bison. Ma grand-mère est en bas, mes parents aussi. J'entends qu'on sort le gâteau du four (sans doute un marbré, mon préféré), les exclamations de joie forcées, les bougies qu'on allume, le bouchon du champagne qu'on fait sauter. Ils peuvent toujours attendre, je ne descendrai pas. Je ne descendrai pas ces foutues marches d'escalier parce que je ne le PEUX pas. Parce que je ne PEUX plus apercevoir une tête d'humain, parce

qu'ils me font PEUR, avec leurs yeux qui pèsent une tonne.
Rien que le fait d'imaginer reprendre le chemin du lycée me GLACE de l'intérieur.
Je n'ai pas vu ma sœur depuis huit mois. Oui, monsieur Renaut65, c'est vrai, mes parents me laissent le plateau devant la porte, trois fois par jour. Oui, madame Marie81, ils m'apportent sur le paillasson tout ce dont j'ai besoin. Est-ce qu'à vous aussi, on vous a dit que 16 ans est le plus bel âge de la vie ?
Moi, j'ai peur.
Est-ce que dans votre petit encéphale limité, vous avez déjà pu imaginer qu'on aimerait faire ce pas mais qu'on ne PEUT pas ? Que quelque chose nous retient ? J'ai 16 ans, j'ai peur de la pluie, et du vent et des tornades.
On m'a répondu : « T'es pas en sucre. » Tout faux, mesdames et messieurs les relous, je suis faite d'une sorte de barbe à papa collante, rose et douce. Au moindre souffle d'air, je m'éparpille.
Je ne veux pas m'adapter à une planète qui crame. Une Terre qui ne tourne que par la thune, et se pourrit par la thune. Je ne suis pas adaptée. Je ne rentre dans aucune forme. Je ne suis ni un rond, ni un carré, ni un triangle, ni même un octogone, je ne me glisse nulle part, je me cogne partout.

Il y a trop d'air, dehors. Trop d'air entre les corps, trop d'air entre mes jambes, trop d'air entre mes doigts. Trop d'air entre mes neurones.
Ça fait huit mois que je me demande si je vis encore ou si je suis à moitié morte.

Ses doigts ne tremblent plus.

Elle laisse les larmes couler sur ses joues, c'est doux et bon. Elle décide de ne pas se relire, et appuie sur la touche « envoi ».

Chapitre 5

Rentrée 2022

Sur le trajet du retour, Sasha s'était scrutée dans toutes les vitrines de la rue Victor-Hugo. Non, elle ne s'était pas transformée en ogresse verte ou en monstre de foire. Elle était toujours la même, une fille qui ressemblait à mille autres, en jean, polo vintage, le front un peu bombé, les yeux un peu plus écartés que la moyenne.

Une fille qui avait la malchance de ressembler à Marie Laurencin.

C'est au musée d'Orsay qu'elle avait pris conscience de sa ressemblance avec l'artiste peintre. En voyant son autoportrait, Elsa s'était écriée :

– Mais… C'est Sasha !

– Merci, Elsa, avait-elle répondu en faisant la moue. Regarde, elle a le visage de traviole.

– Tu es bien plus jolie, Sasha, avait noté sa mère. Et puis, c'est la période Picasso de Marie Laurencin.

– Non, c'est vrai, tu as raison, sœurette, j'ai le même air bizarre.

Est-ce qu'elle était coincée dans le film *Un jour sans fin* ? Était-elle destinée à toujours être l'exclue, à ne jamais trouver sa place auprès des autres ? À entendre encore et toujours les mêmes paroles, d'abord des blagues idiotes puis des insultes crasses ? Au collège, on lui demandait si elle descendait d'une lignée de vampires. Était-elle victime d'un obscur sortilège pour être ainsi bashée par ses semblables ?

Ma pauvre fille, tu pues le mauvais karma. Va falloir te payer un exorciste, avec messe noire et poupée vaudou..

Elle était rentrée chez elle, nouée de l'intérieur, les paupières brûlantes, clignant des yeux pour refouler ses larmes, jusqu'au moment où elle avait pu claquer la porte de sa chambre.

– Alors, ma puce, ce premier jour ?

La voix faussement enjouée de sa mère, en bas. Insupportablement faussement enjouée.

Pour ses parents, elle avait inventé Daria, l'amie aux cheveux rouges et au regard frondeur. Daria qui écrivait à l'encre mauve, qui faisait des ronds sur les *i*, Daria qui l'avait accompagnée dès le premier jour, qui l'avait aidée, lui avait montré le foyer des élèves, à l'étage. À mesure qu'elle imaginait, elle voyait le sourire de sa mère s'élargir. Son père l'avait gratifiée d'une tape dans le dos.

– C'est bien, ma grande, comme je suis content ! Tu vois bien que le problème ne venait pas de toi.

À l'abri dans sa chambre, Sasha avait appelé Bahia, son amie de toujours, son socle. Bahia qui lui avait appris à faire la roue et les tartes au citron meringué, qui l'avait initiée aux culottes de règles, à la danse béninoise et à la salsa.

Bahia qui égrenait son rire contagieux et connaissait tous les bons plans. Bahia la super cultivée et super intelligente, avec ses petites nattes afro qui pointaient dans tous les sens. Bahia qui claquait dans ses doigts en marchant.

– Salut Bahia...

– Hey, Sash ! avait répondu son amie avec sa bonne humeur habituelle. Alors, ces petits génies de Victor-Hugo ? Ils sont cool en fait, j'en suis sûre ! Ils jouent les intellos.

– Yep, c'est vrai qu'ils ont l'air... sympas. J'ai repéré une fille... Elle s'appelle Daria... Elle est stylée, et elle m'a prise sous son aile.

– Dalva, comme le personnage du roman de Jim Harrison ?

– Non, Daria... Tu peux arrêter avec ta super culture ? avait lancé Sasha en riant.

– Ha ha, mais tu l'as pas encore lu, ce roman ? Je te rappelle que je te l'ai prêté il y a des mois.

Même à Bahia, elle n'avait pu le dire. Si elle commençait à décevoir Bahia, elle allait se décevoir elle-même et s'évaporer en nuage de pluie.

***

Après la rentrée, le sentiment d'être transparente s'était renforcé au fil des jours. Les élèves arrivaient le matin, se saluaient. Le portail à peine franchi, le sourire crispé, elle essayait de rejoindre un groupe, mais plus elle approchait, plus elle voyait les visages se fermer ou l'ignorer. Alors elle stationnait là, la main sur la bandoulière de son sac, extirpant son téléphone de sa poche pour se donner une contenance, n'osant pas s'enfuir.

Depuis qu'elle avait échangé quelques mots avec elles avant un cours de sport, Sasha tentait de se lier d'amitié avec le petit groupe des trois : Daria la reine et sa cour, ses deux « dauphines », comme tout le monde les appelait.

CHAPITRE 5

Il y avait Zoé, alias « Zouzoute », une grande fille maigre à l'allure presque militaire, qui flottait dans son jean. Elle avait une chevelure blonde étrangement épaisse et un visage très mince dont la peau était grêlée de petits boutons qu'elle camouflait avec une crème teintée. Zoé ne mangeait rien à la cantine et, à en croire les rumeurs, elle était nourrie par sonde toutes les nuits. Ses silences et son air solennel, ses gestes lents et ses rares sourires contrastaient avec la moqueuse Inès. Toujours maquillée avec élégance, elle dessinait au crayon des taches de rousseur sur ses pommettes et son nez. Distribuant ses sarcasmes dès la première heure de la journée, elle jouait machinalement avec les mèches qui s'échappaient de son turban.

Zoé et Inès étaient soudées comme les doigts de la main. On les apercevait tantôt hilares, tantôt compatissantes, fusionnelles, narquoises, avec leurs baisers appuyés et leurs câlins démonstratifs. Avec elles, on ne savait pas vraiment sur quel pied danser.

Quant à Daria, elle attirait tous les regards. Souvent perchée sur de hauts talons, elle avait chaque jour une tenue différente, privilégiant les perfectos de cuir rouge ou rose vif qui sublimaient sa chevelure de feu. Elle affichait une insolente confiance en elle.

Sasha effectuait donc des manœuvres d'approche depuis trois jours, sourire généreux et petits rires feutrés en réponse à leurs blagues quand elle les croisait dans les couloirs. Jusqu'au moment où Daria s'était arrêtée net en plein milieu d'une phrase :

– Ça t'ennuierait de nous laisser ? Merci ma belle.

Sasha s'était excusée.

En cours d'allemand, le 2 octobre, leur professeure leur avait annoncé qu'un voyage en Allemagne aurait lieu du 10 au 23 avril. Elle précisa que la caisse des écoles pouvait apporter une aide financière aux élèves qui en auraient besoin.

Son voisin Bruno l'avait observée, les yeux plissés.

– Tu vas y aller ?

Son cœur s'était mis à battre plus vite.

– En Allemagne ? Bah oui, évidemment.

Il avait haussé les épaules avant de poursuivre :

– Non, à la caisse des écoles ?

Elle avait ouvert grand les yeux. Il plaisantait ? Quand bien même, c'était stupide. Et méchant, surtout. Qu'est-ce que cela signifiait ? Qu'elle s'habillait comme une pauvresse ?

L'enseignante avait distribué les fiches à remplir, arpentant la salle de classe perchée sur ses boots compensées.

CHAPITRE 5

– Vous voyez que l'allemand peut vous apporter de jolis cadeaux ! Les hispanophones n'ont pas cette chance, vous savez. Vous pouvez remercier les professeurs d'allemand !

On était début octobre et le voyage aurait lieu en avril. Il lui restait six mois pour briser la glace. Pourtant bardée de bonnes intentions, tout sourire, elle était à des années-lumière d'eux.

Il y avait d'abord eu ces regards furtifs, dans les couloirs, des ricanements, des messes basses sur son passage. Puis, un jour, elle avait entendu :

– Hey, Creepy, c'est à toi, ces beaux yeux blancs ?

Creepy. De l'anglais « *creep* » : terrifiante, effrayante. Monstre aux yeux blancs. Assommée par l'insulte, elle n'avait rien répondu et était rentrée chez elle, séchant le dernier cours.

Sasha s'observa dans le miroir de sa chambre.

Est-ce qu'elle transpirait quelque chose de maléfique ? Que lisaient-ils donc de si terrible dans ses yeux de givre ? Devinaient-ils sa terreur à l'idée de redevenir une victime ?

GARDIENNE : Prends du recul. Drape-toi de mystère. Ignore.

PRISONNIÈRE : C'est la seule solution.

Le soir, elle s'allongeait sur son lit et se laissait engloutir par les ténèbres en serrant Poolpy dans ses bras. Elle n'osait même plus écrire dans son journal, de peur que cela ne rende la situation plus réelle.

– Ça recommence, Poolpy, chuchota-t-elle. Aujourd'hui, sur Insta, Daria m'a envoyé une photo de husky. Je ne peux pas te répéter ce qu'elle a écrit. Même à toi… Ma Poolpy, je hais papa qui m'a inscrite dans ce lycée, je hais tous ceux qui pensent que je suis à ma place là-bas. Je hais tous les obsédés de la réussite. Je rêve d'un trou de souris, un trou de ver. Un trou noir. Je voudrais retourner dans un utérus douillet. Avaler la potion d'Alice, celle qui fait rétrécir. Disparaître.

Elle sentait le ventre souple de la pieuvre en peluche contre le sien, rêvait de s'enfoncer dans l'immensité d'une mer chaude et de croiser de gentilles tortues de mer et autres animaux marins.

Mais sur Terre, tout était froid et hostile. Au self, quand elle s'approchait d'une table avec son plateau, les conversations cessaient brutalement. On la regardait en gloussant, on se détournait d'elle. Un jour, en dévissant le bouchon de son thermos, elle s'était aperçue que quelqu'un avait glissé de la terre dedans. La nuit, il lui arrivait de recevoir des appels étranges. Au début, elle décrochait. Lui parvenaient alors des rires, des silences, un souffle épais, des chuchotements obscènes. Elle n'avait pourtant donné son numéro à personne. Elle se levait, arpentait sa chambre, éteignait son téléphone tout en l'observant du coin de l'œil comme un monstre sadique.

Quand elle se réveillait, vers 3, 4 ou 5 heures, en fonction de ses insomnies, elle ne pouvait résister et le rallumait : 12 appels en absence. Avec un numéro masqué qui sonnait dans le vide.

Sasha n'y connaissait rien en intelligence artificielle. Mais elle s'était tout de même demandé si on ne pouvait pas entraîner un robot à passer des coups de fil. Puis elle s'était ravisée. Il y avait un humain derrière cela. Une intelligence collective harcelante qui l'avait prise pour cible, elle. Encore.

Sasha avait lu un article sur le harcèlement, dans lequel il était conseillé de ne pas réagir avant d'en parler à un adulte. Mais la vérité, c'est qu'elle avait honte. Et peur.

Si elle se mettait à parler, sa situation se figerait, emprisonnée par des mots définitifs : rejet, différence, solitude. Si elle restait silencieuse, les choses s'allégeraient jusqu'à devenir poussière. Prononcer les mots, c'était graver sa honte dans le marbre.

Le dernier week-end d'octobre, Bahia l'avait invitée à fêter son anniversaire. Sasha avait fourré dans son sac une petite robe bleu marine, ses bottines en cuir fauve, son pyjama et sa trousse de toilette, avant de grimper dans le train pour Lille.

Bahia lui avait ouvert la porte avec une exclamation de bonheur que Sasha avait trouvée lumineuse, et elles s'étaient étreintes comme deux petites filles de 6 ans. Bahia l'avait littéralement soulevée de terre, comme si elle était un fétu de paille.

– C'est Sasha ! Ma vieille pote de maternelle ! Mon amie de toujours !

Pendant la soirée, les spots de couleurs éclairaient la piste de danse, et Sasha était stupéfaite d'avoir été si bien accueillie par les amies de Bahia. Elles avaient dansé sur Imagination, U2, essentiellement des chansons des années 1980, jusqu'à 2 heures du matin. Après le départ des invités, Sasha était montée dans la chambre de Bahia et s'était rapidement endormie sur le petit matelas préparé à côté du lit de son amie.

Mais le lendemain, elle était difficilement parvenue à masquer sa mine préoccupée et son teint pâle. Elle avait prétexté le rythme, l'exigence, les soucis d'orientation au lycée.

CHAPITRE 5

Devant sa coiffeuse chinée sur eBay, cadeau de son anniversaire, Bahia avait soulevé ses cheveux fins et les lui avait tressés méthodiquement. Depuis qu'elle était petite, Bahia la Béninoise adorait caresser la chevelure de Sasha.

– T'as une mine de déterrée, ma puce. Tu le vois, là, ce regard vide ?

– Tu me fais me coucher à 2 heures du mat, je te ferai dire. Et pour ton information, j'ai toujours eu ce regard vide et blanc.

– Tut, tut, pas du tout, ma puce, avait rétorqué son amie en glissant un élastique au bout d'une tresse. Pour ton information, ton magnifique regard est désespéré. Et tes copains, à Victor-Hugo, ça va toujours ?

Sasha avait baissé les yeux et marmonné que ça allait. Bahia s'était alors penchée sur son épaule et l'avait fixée dans la glace.

– Fais attention à toi. Tu promets ?

– Je promets, avait répondu Sasha dans un souffle.

***

Le 3 novembre, Daria avait traversé la cour à grandes enjambées pour la rejoindre.

Méfiante, Sasha l'avait observée arriver de loin, comme au ralenti. Mais Daria avait un bon sourire, un timbre de voix chaleureux. Rien à voir avec les jours où elle médisait dans son dos, où elle ricanait avec « Zouzoute » et Inès.

– Salut Sasha, dis donc, tu déchires en allemand. Tu me prêterais tes cours ? Parce que... *Help*, je suis tellement pas prête pour le devoir sur table de lundi ! Enfin... Si ça te dérange pas trop. Si t'es pas du genre « Je pique les livres du CDI pour empêcher les autres de réussir »...

Sasha égrena un rire :

– C'est pas mon genre, non.

En cours, Daria faisait mine de prendre des notes sur son ordi, mais la plupart du temps, elle jouait ou écumait les profils Tinder sur son iPhone. Ça ne l'empêchait pas d'avoir de bonnes notes. La rebelle Daria passait le plus clair de son temps à rire. Elle avait créé un compte Instagram sur lequel elle postait le récit de ses rendez-vous miteux sur Tinder, avec une morgue et une cruauté sans limite. Mais ce jour-là, son air était doux, un rien coupable, un rien admiratif, et Sasha s'était dit, logiquement, qu'elle s'amendait. Les choses étaient en train de changer, elle avait bien fait de prendre ses distances.

CHAPITRE 5

Deux jours plus tard, Sasha lui avait tendu des photocopies rangées dans une chemise cartonnée. Le prix à payer pour entrer dans un cercle d'amis était modique.

Daria avait sifflé.

– Tu me les as photocopiés ? T'es vraiment cool, toi.

– T'inquiète c'est rien. J'ai demandé à ma mère, à son boulot.

Daria avait écarquillé les yeux.

– T'as demandé à ta daronne de photocopier les cours ?

Elle s'était approchée de Sasha, bizarrement, comme si elle avait voulu l'embrasser, mais l'avait reniflée.

– Tu sens le caramel. La vanille. Non, le nougat. Enfin, on sait pas trop.

Elle avait hélé Zoé :

– Hey, Zouzoute. Tu te rends compte ? C'est pas toi qui ferais ça pour moi, hein !

Sur Instagram, elle avait posté en story une photo de Sasha et elle dans la cour. « Meilleure amie *ever*, cette pote qui demande à sa mère de photocopier les cours. » Ce qui avait déclenché un certain nombre de commentaires gras et insultants, que Sasha avait préféré ignorer.

En quelques jours, Daria était passée d'amie imaginaire à réelle ; un peu comme si un génie avait exaucé son vœu. Daria l'avait conviée ensuite une ou deux fois chez elle. Elle avait un bouledogue anglais du nom de Frankie et avait demandé à Sasha de le sortir pour faire ses besoins pendant qu'elle enregistrait une vidéo dans sa chambre. Le chien avait tiré sur la laisse et Sasha avait lâché prise, le cœur battant. Elle avait cru se briser le poignet. Au retour, quand Sasha lui avait raconté sa mésaventure, Daria s'était esclaffée :

– T'es plus douée en allemand qu'en chien. Allez, c'est pas grave, je vais te briefer.

Elle lui avait expliqué comment tenir les gros chiens en laisse. Ne pas entortiller la laisse autour du poignet, ne pas avoir le bras crispé, sinon le chien sent la tension et va forcément foncer de l'autre côté. Le bras DÉ-TEN-DU comme un chamallow.

– La tension, ma belle, la tension, c'est super important. Il faut sentir les choses, les gens, les animaux. Tu fais jouer ton INTUITION. Il faut RÉAGIR.

Longtemps, Sasha s'était remémoré ces propos, quand elle pensait à l'affreuse soirée du 5 janvier.

Chapitre 6

Dans la chambre, 20 février 2024

VRING, VRING, VRINGVRINGVRINGVRING.

Le carillon retentit. S'arrête. Se déchaîne. Sasha se blottit dans son lit, les mains froides et moites entre ses cuisses pour les réchauffer. Il lui faut bien trois secondes pour que l'information parvienne à ses neurones :

Ça sonne et il n'y a personne.

Ça sonne et ça toque. Ça toque et ça cogne.

Elle se roule en boule sur elle-même, chaussettes aux pieds.

Depuis hier, un froid glacial s'est installé sur l'astéroïde B.612, s'infiltrant sous la porte, sous les plinthes, par le chambranle de la fenêtre.

Elle est une alpiniste sur la crête, réfugiée dans un creux de rocher, attendant que la tempête se calme. Si elle perd un gant ou un bâton, c'est fichu.

Il faudrait qu'elle demande un chauffage d'appoint, un petit radiateur électrique, mais elle ne veut pas sentir la joie qui vient d'en bas. Ou la pitié. Ou, pire, l'espoir.

– Colissimo pour Sasha Vautier, appelle une voix depuis le perron. Il y a quelqu'un ?

Son téléphone sonne. Numéro inconnu.

Elle secoue la tête. Serre les poings. Non. Elle ne peut pas. Elle ne répondra pas. Elle sait. Le coursier a affronté la neige, a peut-être risqué sa vie, glissé avec son scooter. Elle n'est qu'une sale égoïste.

GARDIENNE : Tu leur cries : « Déposez le colis, je viendrai plus tard. »

PRISONNIÈRE : Arrête d'exiger ce que je suis incapable de faire.

GARDIENNE : Le colis va se retrouver à la poste. Encore un.

PRISONNIÈRE : Tais-toi !

Elle écoute, l'oreille à l'affût. Elle entend – c'est impossible, mais elle l'entend – un soupir agacé, le claquement militaire de deux talons l'un contre l'autre, le frottement du casque sur les cheveux mouillés, le cliquetis métallique de la boucle de serrage, le grondement du moteur qui démarre.

Ouf.

CHAPITRE 6

Sasha se détend. Elle a le sentiment fou d'avoir échappé à un danger. Elle se tourne sur le côté et ouvre son ordinateur, qui affiche de nombreuses notifications.

Son message sur la page Facebook Porte H a déclenché une salve de réponses :

Ne sois pas si dure avec toi-même. Joyeux anniversaire, force à toi.

Happy birthday.

J'ai fêté le mien il y a deux semaines. On n'en meurt pas [*émoji bouquet de fleurs, envolée de cœurs roses*]

Comme elle déteste ça. Tous ces gens qui envoient du faux.

GARDIENNE : Ton cœur est en béton.
PRISONNIÈRE : Et ton épiderme en carton.
GARDIENNE : Rappelle-toi le mochi : un cœur glacé avec plein de mou autour.

Adossée sur ses trois coussins, Sasha tapote de la main droite sur le clavier.

Elle se rend maintenant cinq fois par jour sur cette page Facebook où Guilaine, l'administratrice, salue les nouveaux arrivés à l'aide de posts colorés : « Bienvenue à nos nouveaux abonnés, Sasha V., Cédric R., Pierre W. et Ophélie. »

GARDIENNE : Tiens, t'existes.
PRISONNIÈRE : Très drôle.
GARDIENNE : Ah, un nouveau post. De la part de l'Ophélie qui vient d'arriver.

J'essaie de trouver une solution pour Mathis, mon fils de 26 ans, enfermé dans sa chambre depuis deux ans et demi. Il sort la nuit et dort le jour. Pensez-vous qu'on puisse être hikikomori à mi-temps ? Et, d'après vous, est-ce moins grave que d'être hikikomori à temps complet ?

Commentaire d'Édith :
Peut-être est-il tout simplement un oiseau de nuit ?

Commentaire d'Ericka :
S'il faisait du sport (genre rugby) dans la journée, peut-être pourrait-il dormir la nuit ? [*envolée de cœurs roses et dorés, émoji endormi*]

CHAPITRE 6

Commentaire de Vincent :
La mélatonine peut aider. Sans prescription jusqu'à 1,9 mg.

Commentaire d'Ophélie :
C'est gentil à tous, mais j'y ai déjà pensé, figurez-vous [*émoji yeux au ciel, goutte de sueur au front*]
Quant au sport… [*émoji qui pleure de rire*]

Sasha soupire et s'apprête à refermer son ordinateur quand, soudain, une notification atterrit dans Messenger. Un inconnu vient de lui envoyer un message.

> Salut Sasha, bienvenue. Je t'ai repérée sur la page, j'ai adoré ton message. J'ai créé un groupe WhatsApp avec d'autres hikis, il s'appelle Porte H, comme la page Facebook. Facile à retenir. On est huit. Ça te dirait de venir ?
> Had (Hadrien).

Elle observe la photo du garçon. Tignasse blond décoloré, grands yeux bruns posés sur un visage fin. Il ressemble à un personnage de manga des plus classiques. Qui se cache derrière ce profil ? Elle fait glisser l'écran vers le haut pour lire la suite du message :

Ici on essaie juste de s'aider. Y en a beaucoup qui n'arrivent pas à dormir. Qui mangent mal. On se donne des tips pour survivre. Éviter l'obésité, la malbouffe, la déprime, la lose.

Trois petits points dansants apparaissent. Il va continuer la liste des galères ? Ces trois petits points qui convulsent l'angoissent et l'hypnotisent à la fois.

On ne s'oblige à rien. On ne se téléphone jamais.

Sasha est paralysée, les yeux fixés sur l'écran. Elle inspire, et tape son message.

Pourquoi moi ?

Retour des petits points épileptiques.

J'ai kiffé ton message d'hier. Si tu me donnes ton tel, je t'ajoute au groupe, si ça te plaît, tu restes. Si ça te plaît pas, tu te tires. Comme Adèle Haenel aux César [*émoji qui pleure de rire*] Tu peux scroller pour lire nos échanges.

PRISONNIÈRE : T'en penses quoi ?

CHAPITRE 6

Gardienne : Il se la joue, avec ses astuces.
Prisonnière : Grave. Ha ha. Mister Tips.

Sasha envoie : Je réfléchis.

En retour, les trois petits points reprennent leur silencieuse polka.

T'as fait quoi pendant la canicule ?

Quel rapport ?

T'as dormi sur une serviette glacée étendue sur ton lit ? T'as écouté Petit Bambou en position du cadavre ? T'as placé un bol de glaçons devant le ventilo ? T'as mouillé tes fringues avant de dormir ? T'as piqué le pschitt à plante de ta daronne ? T'as fait prendre une douche à ta taie d'oreiller ?

Non. Elle a failli crever, c'est tout.

C'est le genre de tips qu'on s'est donnés, tu vois, et surtout, on s'est parlé de nos angoisses de carboniser vivants.

GARDIENNE : Inscris-toi, meuf.
PRISONNIÈRE : Tu es sûre ?
GARDIENNE : Qu'est-ce que tu risques ?
PRISONNIÈRE : Pas grand-chose, c'est vrai.
GARDIENNE : Tu pourras lui demander s'il a des astuces contre le froid, Mister Tips ?

Sasha pianote :

OK, je veux bien essayer.

Cool.

J'écrirai rien. Je suis pas une fille à astuces, moi.

Dommage. C'est beau ce que tu écris. J'ai kiffé, hier.

PRISONNIÈRE : Il se répète
GARDIENNE : Il te kiffe.

Tu sais ce que j'ai pensé ?

... Danse des petits points.

CHAPITRE 6

J'ai pensé : elle est née en colère. Ou elle a vécu un truc de ouf. Un truc grave.

Sasha plisse les yeux comme si elle avait regardé le soleil de trop près. Dans son thorax, une nuée de moineaux s'affole dans tous les sens.

Elle serre Poolpy dans ses bras, attend quelques secondes que les oiseaux rentrent au nid tranquillement, comme des bébés sages, en fixant le rai de lumière sous la porte. Ses doigts cliquettent sur le clavier.

C'est le 2.

Quoi, 2 ?

Le truc grave. Enfin je crois. Sur mon échelle de Richter à moi.

Oh.

Juste « Oh ».

On est avec toi.

Elle en a trop dit. Elle rabat d'un coup sec l'écran de l'ordinateur.

– Ma vieille Poolpy, je vais bazarder vite ce groupe de hikikopourris. Qu'est-ce que tu en penses ?

À moitié éclairée par le faisceau de lumière qui s'aventure dans sa caverne obscure, Poolpy semble bouder.

– M'en veux pas, avec ton tentacule triste, chuchote Sasha. Je préfère rester au stade mollusque, avec toi, avalée par une baleine de 16 mètres de long et 30 tonnes de chagrin.

GARDIENNE : Ça te dérange pas trop de parler à une peluche ?

PRISONNIÈRE : Ça te dérangerait de me laisser régresser tranquille ? On en est toutes là. Souviens-toi, Zoé qui suce sa mèche de cheveux comme si elle avait 6 ans. Bahia qui saute sur son lit comme sur un trampoline. Chacun sa stratégie pour éviter de grandir triste.

GARDIENNE : Assez bavassé. Maintenant, opération robotisation, cerveau sur pause, tu descends ce *fucking* escalier, tu récupères ton colis et tu remontes.

PRISONNIÈRE : Non.

GARDIENNE : Et si c'était périssable ? Vivant ? Mortel ? Un chiot, un élevage de sauterelles, une lettre d'amour ? Hein, Sasha la Queen mollusque ?

PRISONNIÈRE : Je rêve de t'arracher la langue. Pour plus t'entendre, je vais faire 30 minutes de vélo d'appartement. Tu pourras encore me traiter de céphalopode, mes endorphines vont danser la gigue.

***

Sasha a été gâtée pour son anniversaire. Elle a reçu de la part de sa grand-mère Martine un cahier raffiné aux pages crème, un *bullet journal*, un carnet de croquis, un coffret de fusains et sanguines et un roman japonais au titre bizarre, *Les Amants du Spoutnik*, avec une couverture pétaradante qui lui plaît. Elle représente une fille japonaise avec des cheveux de toutes les couleurs. L'auteur s'appelle Haruki Murakami. Elle le lira un peu plus tard.

Elle caresse les couvertures des cahiers et passe un doigt sur la reliure rigide du journal, recouverte d'un pelliculage mat. C'est doux. Elle l'ouvre doucement, ça craque, ça résiste, ça sent bon l'encre et le papier. Une petite carte s'échappe d'entre les pages. Elle reconnaît l'écriture penchée de sa grand-mère.

«À ma petite-fille chérie, ma toute première,
Pour tous ces mercredis passés à la maison,
Pour tous tes dessins de jeunes filles intrépides.

Ton autoportrait façon Jeune Fille à la perle, tu sais, celui qui a tes yeux, eh bien, je lui parle tous les jours, dans ma cuisine.

Parfois elle me boude.

Parfois, elle me scrute de son petit regard en coin.

Parfois, elle me crie SOS avec ses yeux.

Hier, elle m'a dit : "Mamie, sauve-moi."

Je te jure, elle me l'a dit.

Que fait une grand-mère quand elle reçoit un tel message ? Elle se creuse les méninges. Elle pense qu'elle aimerait partir en voyage au bout du monde avec sa petite fille, que si elle pouvait l'offrir, elle le ferait.

Elle se dit qu'elle l'emmènerait bien à Florence, à Milan, et à Venise. Voilà ce qu'elle se dit, ta grand-mère. Ce cahier, ça n'est qu'une toute petite partie de ton cadeau.

Je t'embrasse si fort, ma poupée.

P.-S. : Dieu nous dit que ne pas cultiver son talent, c'est un péché. (Oui, je t'entends ricaner, mais tant pis.) Envoie-moi tes dessins, mon ange. Tu n'as qu'à les photographier. C'est simple. Je ne ferai aucun commentaire.

Je t'aime, ma toute petite. »

Sasha allume une cigarette, la fumée lui pique les yeux.

Elle voit défiler les mercredis après-midi chez sa grand-mère, assise à la table en formica de la cuisine, dans l'odeur de chocolat chaud et de pain d'épices, à dessiner l'articulation d'un pied, les os de la main, la pliure du coude, à partir du petit mannequin en bois posant devant elle.

Tout le monde n'a pas la chance d'avoir une grand-mère professeure d'arts plastiques. En huit mois, son style a évolué. Sasha dessine au fusain des filles seules, assises par terre, accoudées au bar, la tête entre les mains. Elle a rassemblé une collection de personnages anguleux, à nez aquilin, genoux pointus et mains immenses, comme vus à travers un tesson de verre. Des personnages cailloux, tranchants. Comme Sasha aurait aimé être comme ça, avec des angles et des certitudes, des pinces, une carapace, au lieu d'être si flottante.

C'est d'ailleurs si angoissant, cette évanescence, que le fait même d'y penser, d'imaginer sa peau transparente, le sang circulant dans ses veines, lui donne le vertige. Ne pas mollir.

Elle relit le mot de sa grand-mère et ferme le cahier.

Elle envisage de la remercier. Évidemment, c'est ce qu'il faut faire. Mais lui répondre, c'est ouvrir la boîte de Pandore. Se dissoudre. La moins mauvaise des options pour l'instant est de rester cachée.

Elle saisit le bâton de fusain dans la boîte neuve, le respire. Elle adore cette odeur de bois calciné. Oui, elle va dessiner quelque chose de facile. Des flammes qui grimpent jusqu'en haut de la feuille. Deux mains gigantesques en corbeille, dans lesquelles jaillirait un cœur.

Le son d'une notification suspend son geste. Elle a reçu un mail.

Anita Habel
À Sasha Vautier

Bonjour,
Nous sommes allés voir Markus ce matin. Il fait très beau à Berlin. Un froid glacial. Ça fera bientôt une année. Tu sais, cela ferait très plaisir à mes parents de te voir. C'est tellement dur pour eux encore. Presque un an après. Tu es la dernière à l'avoir vu, et son dernier amour. Viens à Berlin, s'il te plaît.
Love.
Anita.

Chapitre 7

5 janvier 2023

Comment avait-elle pu se laisser piéger ?

Il y avait eu tant de signaux faibles, tant de murmures, de gloussements, de clins d'œil.

Et elle n'avait rien voulu voir.

Ce jeudi-là, après le cours de grec, Sasha avait rangé ses affaires, pressée. Elle avait du pain sur la planche, comme aurait dit sa grand-mère Martine : la dissert sur les couleurs chez Rimbaud, les premiers croquis de la BD intitulée provisoirement *Sœur-sœur*, promise à Elsa. Les 50 minutes de trajet.

Elle était en train de chercher une solution à ce planning infernal : commencer à réfléchir à la dissertation dans les transports, afin de se libérer pour Elsa, avancer sur ses dessins après le repas… quand elle les avait vues avancer vers elle. Daria et ses deux dauphines. Les trois Parques, déesses de la destinée humaine, tout sourire.

Daria en débardeur sous son perfecto, cheveux teints en rouge et paupières fardées de grosses paillettes turquoise, Zoé, alias Zouzoute, pâle et émaciée, perdue dans son jean et ses Doc Martens, et la rageuse Inès, regard charbonneux, cheveux en pétard s'échappant du turban, ongles violets assortis à sa besace US.

Sasha avait marqué un temps d'arrêt, remarqué les paupières éclatantes des adolescentes, façon années 1980.

Elle avait pressé le pas vers la sortie, mais Daria l'avait rattrapée par le bras.

– Hey miss, tu viens ce soir ?

Sasha s'était dégagée :

– Quoi ?

– Elle est pas au courant, manifestement, avait grogné Zoé.

– Faut croire que non, avait renchéri Inès.

Daria s'était arrêtée, sourcils froncés.

– T'as pas checké tes messages ? Bah oui, la fête de l'AS, bichette, l'Association sportive.

Elle avait froncé le nez d'un air dégoûté.

– Tous les ans, Mme Bretaux essaie de nous attirer dans ses filets. Elle a pas eu assez de monde au premier trimestre. Alors, elle a préparé une fête. La fête de la piscine, t'en as pas entendu parler ? Non, t'es sûre ? Poulette, regarde encore. Et dans tes spams ?

CHAPITRE 7

Sasha, pressée, avait fait mine de vérifier :

– Rien dans mes spams.

Zoé s'était tapoté le crâne de son index.

– Ah mais oui, j'ai compris, c'est parce qu'elle est nouvelle.

– Bah oui, elle t'a zappée, c'est tout.

À cet instant, elle avait aussi perçu leur échange de regards entendus, et serré son sac contre elle :

– De toute façon, je dois y aller.

– Oh, non ! Sasha ! s'était exclamée Inès.

– Zouzoute, allez, montre !

Tandis que le couloir se vidait, Zoé avait ouvert son sac avec un air de conspiratrice. Il était rempli de sachets de bonbons, d'une bouteille de vodka, de petits sifflets et cotillons.

– Il est temps que tu sortes un peu, non ?

– Carrément, faut que tu sortes.

– Hé, c'est peut-être à moi d'en juger, non ? s'était agacée Sasha.

– Qu'est-ce que tu avais prévu ? Soirée chez papa maman ? avait grincé Daria d'une voix rauque. Ou sœur-sœur ?

SASHA 1 : Comment elle sait ça ?

SASHA 2 : Impossible…

Daria avait lancé :

– Faut sortir de ta zone de confort, meuf. T'es là pour trois ans, jusqu'au bac. Et après, tadam : prépa ! Non ? Allez ! Tout le monde y va ici. Prépa médecine ou droit pour faire le barreau. Donc, ta vie, c'est maintenant ! Sinon, c'est trois ans de solitude glauque.

Évidemment, elle avait hésité. Évidemment, il y avait eu ce sourire échangé entre les trois lionnes.

Mais Sasha s'était raisonnée. Elle savait à quel point son imagination morbide pouvait la paralyser à tort. Combien de fois avait-elle craint le pire ? Combien de fois s'était-elle vue tomber de la montagne, se raccrocher aux rochers ? Combien de fois avait-elle imaginé l'ascenseur se bloquer, chuter dans le vide, la laissant se cogner contre la paroi ?

Elle avait mal interprété ce sourire et avait dit oui.

Elle avait envoyé un SMS à sa mère :

> Suis à la fête de l'AS avec Daria. Bisous, je m'occuperai d'Elsa demain.

Elles étaient sorties du lycée, avaient traversé la route pour rejoindre la piscine. Les derniers rayons du soleil filtraient à travers les arbres qui bordaient l'allée.

CHAPITRE 7

Il y avait eu de petits gloussements, des remarques forcées :

– Qu'est-ce qu'on va rigoler, ça va être très cool ! Sasha, ma belle. Tu vas voir, tu t'en souviendras toute ta vie, s'était esclaffée Daria.

En chemin, elles avaient rencontré Valentin, Charles, Sam, puis Laura et Alix. Personne n'avait l'air vraiment réjoui de se rendre à cette fête.

Devant la porte de la piscine, fermée au public à cette heure, Daria avait brandi une clé.

Sasha avait senti un fourmillement désagréable lui chatouiller le ventre. Pourquoi les locaux n'étaient-ils pas ouverts ? Pourquoi n'étaient-ils que neuf à se rendre à cette fête ? Et où était donc Mme Bretaux ? Tout était si calme. D'un simple coup d'œil, Sasha avait noté que les autres regardaient leurs baskets d'un air embarrassé.

Sasha avait frissonné. Un souffle froid lui parcourait la colonne vertébrale, comme si elle se trouvait exposée à tous les vents, au sommet d'un pic rocheux.

Ensuite, les choses étaient allées très vite. Daria les avait conduits jusqu'au vestiaire, tenant fermement Sasha par le bras. Ses doigts glacés imprimaient leur marque dans la chair, guidant sans ménagement l'adolescente. Elle l'avait lâchée au fond de la pièce, avant de se placer devant la sortie, un sourire étrange aux lèvres.

– Déshabille-toi, ma belle, avait-elle lancé à Sasha.

Hébétée, cette dernière restait figée, les yeux accrochés au bout de ses chaussures.

– Zouzoute, vestiaire, s'il te plaît. Inès, les masques. Sam, la vidéo. On a envie de mater.

– T'as entendu, tu te désapes, avait répété Inès tout en extirpant une pochette de sa besace.

– Quoi, c'est normal, pour une fête de l'AS à la piscine, non ? T'as quand même pas oublié ton maillot ?

Daria, Zoé et les autres s'approchaient d'elle comme au ralenti. Valentin, Charles, Laura, Alix et Sam portaient des masques à têtes de loup, grenouille ou chien. C'était à la fois ridicule et effrayant. Et le ridicule exacerbait l'effroi. Sasha avait regardé, tout autour d'elle.

Elle était dans une pièce rectangulaire, au plafond bas. Ça sentait les baskets en cuir et la vieille sueur. La lumière tamisée jetait des ombres déformées sur les masques et s'éteignait toutes les trois minutes environ, avant de se rallumer.

Sasha était loin de tout, et elle ne savait pas ce qui l'attendait. Son cœur n'accélérait pas, elle était étrangement calme. Peut-être parce qu'elle savait que si elle hurlait, ça ne servirait à rien.

CHAPITRE 7

Elle avait demandé :

– Pourquoi ? Pourquoi moi, tout le temps, toujours ?

Daria avait approché son visage du sien.

– Bichette, tu connais les rites ? Ils sont destinés à te faire passer d'un *level* à un autre. C'est tout.

La porte avait grincé, deux filles étaient entrées. Daria leur avait distribué des masques.

Sasha avait l'impression que tout cela arrivait à quelqu'un d'autre. Ce n'était pas elle qui se trouvait face à une meute sauvage sur le point de pratiquer un rituel. Elle était restée dans sa chambre. Elle lisait Rimbaud. C'était son double, qui était là, forcément. Ce double si répugnant que tout le monde cherchait à éliminer.

– Vous êtes des psychopathes, avait-elle dit doucement. Et si je racontais tout ?

– La poucave ! C'est pas beau, ça, de balancer. Tu sais bien que tu ne diras rien, avait chuchoté Daria.

– Tsss, j'aime pas trop les balances, avait assené l'une des deux filles que Sasha ne connaissait pas.

– T'as raison, puce ! Un gage ! Il lui faut un gage.

Daria avait tendu sa main aux ongles nacrés vers Zoé.

– Zouzoute, ta boîte.

Pendant que Zoé s'exécutait, Daria, Inès et l'une des filles avaient plaqué Sasha au sol, immobilisant ses épaules et ses jambes. Impossible de bouger. Elle voyait le plafond délabré du vestiaire et se demandait s'il y avait de l'amiante, sous la peinture écaillée.

– Allez, apporte ta boîte à bobos, s'était impatientée la cheffe.

Le cœur de Sasha s'était emballé, elle avait ouvert la bouche pour tenter de reprendre de l'air. L'odeur nauséabonde de transpiration mêlée au cuir était soudain devenue plus puissante, sans qu'elle comprenne pourquoi. Elle allait étouffer, et cette bande de crétins ne s'en rendait pas compte.

– Écarquille pas les yeux, Creepy, ça te donne l'air débile.

– Lâchez mes épaules... Je... je peux pas respirer.

– Vincent, retire-lui son jean. Il est trop serré.

Pendant que l'on défaisait la boucle de sa ceinture, Daria s'était agenouillée à côté d'elle et avait ouvert une boîte en carton contenant une petite flasque d'alcool, du coton et un tesson de bouteille, le tout impeccablement rangé.

– Tu sais ce qu'elle fait, Zouzoute ?

Daria s'adressait directement à elle, ses faux ongles soudain plongés dans sa clavicule.

CHAPITRE 7

– Moi, mes copines, elles sont un peu étranges, hein, avait-elle poursuivi. Pour ne pas dire folles à lier. Ça s'appelle comment déjà ce que tu fais ?

– Scarification, avait lâché Zoé. Ou AMNS. Automutilation non suicidaire. Mais j'ai arrêté… Mais si, me regarde pas comme ça. J'ai AR-RÊ-TÉ je te dis.

Daria avait eu une moue dubitative.

– Mouais. J'en mettrais pas ma main à couper. Ah, kiffez la bonne blague, les filles : ma main à couper ! Si tu remontais les manches de ton pull, on verrait toutes tes cicatrices. Tu veux pas les montrer à Sasha, tes cicatrices ?

Zoé avait eu l'air embarrassée une seconde et avait tiré machinalement sur ses manches.

– Non, t'es sûre ? avait insisté Daria avant de se tourner vers Sasha. Mais tu sais, comme je suis une vraie daronne avec mes amies, je lui ai confisqué sa boîte à bobos. Pour qu'elle soit pas tentée.

Daria avait saisi le tesson de bouteille et le faisait rouler entre ses doigts.

Sasha avait voulu parler, leur dire qu'ils étaient complètement tarés, mais seul un couinement était sorti de sa bouche.

– Évidemment, on ne va pas te saigner, ma pauvre, continuait la reine du lycée. Ne me regarde pas comme ça, on n'est pas des psychopathes. On va juste te marquer. Pour que tu te souviennes de nous. Juste un souvenir. Pas même un tatoo. T'as un tatouage, toi ?

Des larmes brûlantes dans les yeux, Sasha avait secoué la tête sans parvenir à déglutir.

Le monde bascule, se renverse sur elle, les lignes noires du plafond se déforment, et ondulent vers elle comme des serpents plats.

Elle a du coton dans les oreilles.

Les yeux penchés au-dessus d'elle sont immenses. C'est un lac bleu pailleté, sans rien dedans.

Le sourire aussi se déforme. Sasha pense : *Tiens, elle a des couronnes au fond de la bouche. Elle n'est pas aussi parfaite qu'elle le croit.*

Son corps ne lui appartient plus. Elle tente de reprendre son souffle, mais son thorax est figé, dur comme du béton.

Le tesson approche de son mollet, l'effleure et elle sombre dans le noir.

Chapitre 8

Dans la chambre, 15 février 2024

Elle retient sa respiration.

Une petite boule duveteuse s'est lovée sur son bureau, entre son téléphone et son paquet de cigarettes. Inspire, le ventre se soulève. Expire, il redescend, tandis que le bout des petites pattes griffues aux coussinets roses tremblote.

Sasha s'approche doucement pour l'observer à la lueur du spot de sa chambre. Des reflets anthracite parsèment sa robe grise. Ses griffes sont tendres comme les aiguilles d'un jeune sapin.

Elle se demande s'il est tout à fait normal qu'un chaton dorme de façon si chaotique. Après avoir joué avec la boule de papier aluminium ou chassé les chaussettes qui traînent sous le lit, Mochi tombe de sommeil, la tête entre les pattes. Puis il rouvre ses yeux vert clair éclatant.

Mon frère aux yeux de glace, pense Sasha. *Mon Hikikomochi.*

Mochi était entré dans sa chambre deux jours plus tôt.

FRRRRT, FRRRT ! GRRRTT !

Sasha avait entendu un frottement puis un grattement contre la porte, pile à l'endroit où son père a flanqué un coup de pied, il y a quelques semaines. Le cœur battant, elle s'était levée de son lit, avait fixé la poignée ronde, étincelante, menaçante.

– Qu'est-ce que t'en penses, Poolpy ? avait-elle soufflé. On tente le coup ?

Le chaton continuait à grattouiller en miaulant, comme s'il avait senti sa présence de l'autre côté du battant. Elle avait eu peur un instant qu'il parvienne à creuser un trou dans le bois comme une chatière. Qui sait de quoi est capable un chat ?

Elle ne voulait pas de trou dans sa porte. Elle ne voulait pas laisser passer le moindre courant d'air, elle ne voulait pas que l'on puisse voir ses pieds, ni même la lunule d'un ongle.

À 14 heures 52, juste avant qu'Elsa ne rentre de l'école, elle était parvenue, après moult tergiversations, à entrebâiller la porte. La minuscule boule de poils avait filé sous son lit, apeurée. Elle-même s'était enfermée dans sa salle d'eau, les mains moites, affolée, l'oreille collée contre la paroi. Elle avait fini par ouvrir. Elle s'était accroupie et avait tendu la main vers lui.

Debout au centre de sa chambre, elle était restée immobile de longues minutes, la petite boule ronronnante serrée contre sa poitrine, à peine plus d'un kilo rempli de chaleur et de tendresse.

Il s'était mis à miauler. Il avait faim. Elle avait émietté une barre de céréales dans le couvercle de sa boîte de pastels. Mais le petit museau rose avait frémi, avant de reculer.

Elsa avait pleuré en rentrant de l'école.

– Mochi est parti, il s'est ENFUIII ! C'est toi, papa, qui as laissé la porte ouverte trop longtemps !

– Stop les pleurnicheries, ça suffit les gamineries. Mochi est libre, lui. Contrairement à d'autres.

– Il ne s'est pas enfui, ma puce, avait répondu sa mère. Il est si petit, tu sais, il s'est sans doute caché dans un placard.

– J'ai regardé partout, avait sangloté Elsa. Même sous les lits et dans la cuisine.

– Ne t'en fais pas, on va le retrouver. Il doit bien être quelque part.

La voix de sa mère se rapprochait. Sasha entendait les lattes de bois grincer, les marches de l'escalier craquer.

– Je pense qu'il se cache… Mais où ?

Mochi avait sauté du bureau de Sasha. Devant la porte, il avait miaulé comme pour signaler sa présence.

– Il est chez Sasha, mais oui, il est chez Sasha ! s'était écriée sa mère.

Sasha avait bouché ses oreilles de ses deux mains. Elle ne supportait plus ce ton. Enjoué, forcé.

– Mais maman, moi, je veux voir Mochi !

Elsa avait tambouriné à sa porte, en pleurs.

– Méchante, t'en voulais pas ! Hein Sasha, rends-le-moi. Allez.

Sasha avait attrapé sa pieuvre en peluche, l'avait serrée fort dans ses bras. Que devait-elle faire ? Abandonner le cadeau de ses 16 ans à Elsa ? Ou garder Mochi et la rendre malheureuse ? Devait-elle ouvrir la porte, libérer le chat ?

GARDIENNE : Pour une fois que tu as envie de quelque chose.

PRISONNIÈRE : Tu as raison. C'est MON cadeau.

Elle avait attrapé la craie et écrit sur son tableau : *litière, pelle à litière, croquettes* (évidemment), *lait pour chaton*.

Elle avait ajouté en bas : *merci*. Puis : *balle pour chat, si possible, canettes de Coca light*.

CHAPITRE 8

Elle savait que c'était dangereux. Qu'elle risquait de déclencher quelque chose. Réveiller un espoir, un sentiment oublié. Alors qu'elle préférait qu'on l'oublie encore un peu.

Elle ajuste ses écouteurs, direction TikTok, aussi efficace qu'une grenade pour torpiller ses pensées, qui se superposent et s'enchevêtrent à l'infini.

S'immerger dans ce monde de fous fait de challenges insensés, de confidences impudiques, de sketches improvisés, une tranche de vie après l'autre, l'éloignait un instant de son quotidien rance.

TokTok, comme disait Bahia d'un air méprisant. Bienheureux celles et ceux qui s'en passent. Sasha, elle, scrolle d'une vidéo à l'autre, 60 secondes, pas plus, où, face caméra, ses nouveaux amis pérorent ou pleurent dans la solitude de leur maison.

Elle ne se souvient plus à quel moment elle a découvert la coach Maryam, qui égrène ses conseils de développement personnel d'un air pénétré. Ou encore Leslye, éternelle amoureuse contant ses histoires avec humour, des formes généreuses et un tatouage maori sur la poitrine. Carla, jeune femme au visage brûlé à l'acide par son ancien petit ami. Lily qui soigne son cafard en boulottant de délicieux plats devant ses 20 000 followers sans un mot. Ou même Rosalia, icône de l'ASMR.

Ces gens se sont immiscés en une fraction de seconde dans sa vie. Elle a commencé à discuter avec certains, et il lui faut désormais prendre de leurs nouvelles deux à trois fois par jour. Sasha surfe entre la vraie vie et le monde virtuel. Elle se figure que sur les réseaux sociaux, ils sont tous comme des patineurs qui s'élancent sur la glace, tournent autour des autres sans se frôler, sans même se regarder, et surtout sans rien se promettre. Chacun glisse sur sa trajectoire, hop, effectue de temps à autre petit piqué, saut de biche ou flip arrière, se la joue un max, ne parvenant pas toujours à éviter la chute.

Sa première rencontre avait été Rosalia, avec ses cheveux violets, ses yeux en amande et ses oreilles de chat, qui chuchotait d'une voix suave et tapotait doucement dans le micro. Elle était ensuite tombée rapidement sur Adeline, une fille aux grands yeux bleus qui avait débuté un road trip dans son van d'occasion baptisé « Guvian », dont elle parlait comme de son coéquipier, un copain capricieux qui tombait souvent en panne et la faisait pleurer. « Guvian est insupportable aujourd'hui. Il refuse d'avancer, et je ne sais pas quoi faire. Vous avez une idée ? » avait-elle hoqueté, perdue en rase campagne. « Je n'ai même pas de quoi manger ! » Pour tout conseil pratique, elle avait reçu des envolées de cœurs étoilés, des émojis aux yeux pleins de larmes ou bras levés, accompagnés de « Force à toi », « On est avec toi ! » Adeline avait appelé une dépanneuse, filmé l'opération de secours et fondu en larmes devant la caméra.

Tous ces gens, chacun sur sa petite planète, lui étaient devenus étrangement familiers. Comme des cousins aux quatre coins du monde.

Un jour elle était même tombée par hasard sur la vidéo d'une malade squelettique allongée dans le fond de son lit, au dernier stade d'un cancer du poumon, d'après la légende. Elle clignait des yeux et faisait des cœurs avec les mains, tandis que les commentaires réconfortants s'affichaient sur son écran. Le comble de la oufitude, aurait dit Bahia. S'exhiber pendant son agonie sans artifices. Pour quoi faire ? Rester en lien avec les autres jusqu'au dernier râle ? Mourir en public pour ne pas disparaître seule ?

Sasha était restée là, partagée entre la fascination et le dégoût, comme devant un thriller.

Oui, c'était dingue, mais elle aimait cette folie, beaucoup plus que l'étouffante perfection d'Instagram. La nuit, il lui arrivait de suivre des *lives* pour passer le temps. Elle restait dans l'ombre, ne commentant jamais, à l'exception de la soirée où Rosalia avait fêté son million d'abonnés.

Ce soir-là, l'influenceuse, seule chez elle, avait enfilé une perruque blanche garnie de petits rubans roses, à la Marie-Antoinette. Elle paradait devant un décor de carton-pâte, et son chat, un petit chat tout noir dont Sasha ne savait pas s'il était virtuel ou réel, glissait devant elle sur l'écran.

L'influenceuse avait commandé un gâteau nappé de petits cœurs roses en sucre sur lequel il était écrit : « 1 M », pour un million d'abonnés. Le score était à 999 892 abonnés, et les cent huit derniers étaient arrivés en trois secondes.

Rosalia avait crié puis pleuré de joie au moment où le millionième follower s'était affiché sur l'écran. Ce soir-là, ses larmes avaient coulé de façon ravissante. Vêtue de sa robe de fée, elle tamponnait ses cils du bout de ses doigts aux ongles pailletés.

– Il y a un an, j'étais asociable. Je rentrais du taf seule. Je me couchais seule. Aujourd'hui, vous êtes un million. Je vous AIME.

Sasha avait envoyé un petit cœur rouge, qui avait été liké 129 fois. Depuis elle n'avait plus rien commenté.

CHAPITRE 8

Sasha se perdait pendant des heures sur TikTok, à contempler des fantômes virtuels pour mieux échapper à ceux du monde réel. Ce qu'elle redoutait le plus, c'était les « cauchemars Markus », qui entraînaient des « journées Markus ».

Si les choses s'étaient déroulées différemment, si la vie n'avait pas été si dure, elle aurait été heureuse de rêver de lui et de passer la journée dans les émanations poudreuses de ce rêve, sur sa petite planète, en espérant le revoir.

Sauf que ce rêve s'achevait systématiquement sur l'accident. Et, seule, il lui fallait ensuite lutter contre ce Markus diabolique qui venait lui tendre la main pour continuer à la hanter.

Elle secouait la tête, fermait les yeux pour le faire disparaître, tirait sur l'élastique enroulé autour de son poignet, un, deux, trois, quatre fois, *shlak*, *shlak*, *shlak*, *shlak*. (C'est une astuce qu'elle avait vue sur TikTok : en finir avec les pensées intrusives et obsessionnelles en claquant l'élastique comme on arrache un pansement.) Puis, elle grimpait sur son vélo, programmait la force 16.

Et ça passait.

– Minette ? Minette, je ne t'oblige pas à répondre.

PRISONNIÈRE : Oh non, c'est maman. Elle est derrière la porte. Je flippe.

Gardienne : Écoute tout de même.

– Je te laisse un sachet de croquettes. Juste là, sur le paillasson. Donne-lui de l'eau fraîche. D'accord ? Tous les jours. Et… ne te sens pas coupable.

Prisonnière : Coupable, moi ? La blague.

– Elsa est petite, tu sais. Mais son heure viendra. Euh… En fait, ce que je veux dire, c'est qu'elle aura aussi un animal. Tu m'entends, minette ? Bon, je parle plus fort…

Prisonnière : Pitié.
Gardienne : Écoute.

– Ton petit chat est un trésor. Prends-en bien soin. Il a besoin de beaucoup de câlins pour grandir… Minette, tu es toujours là ? Est-ce que tu aurais envie d'autre chose ? Un jeu ? Quelque chose à manger de spécial ? Veux-tu que je prépare un gratin de viande à la sauce tomate ? Du pain d'épices ?

Sasha n'a pas faim, mais les odeurs lui manquent tout à coup. Elle rêve de se retrouver derrière un fourneau, devant une cocotte en fonte ou un wok, à faire tourner une cuillère en bois, à se concentrer sur un geste.

CHAPITRE 8

Retirer la fine robe violette de l'oignon, l'émincer, pleurer, le faire rissoler, caraméliser. Voir les lamelles se contorsionner, les entendre crépiter. Respirer. Sentir le parfum du miel chauffé dans la poêle, les quatre épices, le sachet de sucre vanillé.

Hmm. La pomme au four, son odeur de cannelle et de sucre brun. Rien que d'y penser, elle salive. C'est un fait : elle est nostalgique des parfums de la terre.

Elle pourrait inscrire sur sa liste *épices*, mais sa mère n'y comprendrait rien. Elle irait lui chercher un coffret tout prêt, rempli de petites fioles conditionnées.

Ce qu'on lui apporte ne lui fait pas envie. Elle aimerait que les plats mijotent sous son nez. Il lui faudrait peut-être une petite plaque de cuisson.

Parfois, la nuit, elle rêve qu'elle mange. Elle se réveille entourée de fumets : poulet rôti, confiture de groseille en train d'écumer dans son chaudron, ail frais. Ces parfums disparaissent dès qu'elle ouvre les yeux sur sa chambre stérile.

En cours d'histoire, elle a appris que certains déportés se récitaient mentalement des recettes pour tenir pendant l'appel par - 10 degrés, et que dans leurs blocks, ils rêvaient aussi à des odeurs qui creusaient un peu plus leurs estomacs atrocement vides.

Elle a honte d'oser se comparer à ceux qui ont vécu l'enfer, mais elle n'y peut rien. Personne ne maîtrise ses pensées, aussi honteuses soient-elles. Et quand vous vivez dans dix mètres carrés, elles ont vite fait d'envahir tout l'espace, ces pensées. À moins de les anticiper pour espérer les rétrécir ou les pulvériser. Les zigouiller.

***

Mochi s'est rendormi sur son lit en bataille. Elle tire la couette, l'arrange autour du chaton, le prend en photo, et l'envoie sur le groupe Porte H avec un message :

> Salut, j'ai un chat. Il s'appelle Mochi. C'est un korat, il va rester petit. Notez que c'est une astuce, d'avoir un chat. Enfin, je crois. En tout cas c'est la seule que je puisse vous donner.

Elle relit, s'apprête à supprimer le message, mais se rappelle que l'effacement laisse une trace indélébile aussi sur WhatsApp. *Le message a été supprimé.*

Ils vont le voir, et Hadrien lui en fera la remarque. Demain, il écrira : « C'est quoi, ces gommes magiques qui effacent les mots ? À moins que les messages supprimés ne délivrent des secrets ? » Oui, il serait bien capable d'écrire ça. Et ils ricaneraient tous.

GARDIENNE : Qu'est-ce qui t'a pris, de te lâcher ?

PRISONNIÈRE : J'aurais pas dû rejoindre ce groupe, je te l'avais bien dit. J'ai envie de mourir.

GARDIENNE : N'exagérons rien. En matière de révélation, il y a plus croustillant. T'as juste dit que t'avais un chat, rappelle-toi.

PRISONNIÈRE : C'est fini, je verrouille et ciao. Clic clac. Plus un mot.

Elle a la sensation d'avoir ouvert une fenêtre, elle a froid. Son estomac se tord. Elle veut que son cerveau cesse de la torturer avec toutes ces pensées. Quand elle est seule, avec ses idées bien encartées dans sa tête, c'est dur, mais au moins elle est en sécurité. Elle enfile ses baskets, se dirige vers le vélo d'appartement, tourne le cadran. Force 16.

Chapitre 9

Quand Sasha tentait de remonter la chaîne des événements qui l'avaient soustraite au monde, elle en revenait toujours, d'une manière ou d'une autre, à la naissance d'Elsa. Avec l'arrivée du bébé, son père était devenu cassant, brutal, exigeant. Il l'avait obligée à s'inscrire à des cours d'escrime et aux échecs.

L'été suivant la naissance, il avait eu l'idée d'un voyage en Écosse, dans les Highlands. « Le pays des châteaux hantés, du scotch et de la chasse à la *grouse* », avait-il résumé, parlant des faisans écossais.

De ce périple, Sasha n'avait conservé que quelques éclats de souvenirs, comme un kaléidoscope. Le Loch Ness et sa couleur d'encre, les champs de bruyère mauves balayés par le vent, un cottage en bois à Fort William, la pluie sur la lande, la forêt tout droit sortie des contes, avec ses bouleaux au tronc argenté.

Et puis, il y avait eu la randonnée. Celle qui marquerait à jamais la mémoire de cet été, imprimée au centre du kaléidoscope, effaçant petit à petit les autres souvenirs.

Marcher, avancer, se surpasser, disait son père. Sasha avait 11 ans, et n'avait aucune envie de se surpasser. Elle sentait que son corps était entraîné dans une mutation harassante et qu'il lui faudrait du temps pour l'accepter. Elle ne se reconnaissait plus dans le miroir. Plus rien ne semblait à sa place. Ses pieds étaient bien trop grands, ses cuisses bien trop molles, ses bras bien trop blancs, sans parler de ses cheveux si fins et gras qui ne tenaient pas en place.

Bien sûr, elle aurait dû bouger. Mais son corps lambinait, engourdi, comme pris de torpeur.

Elle rêvait de douceur, d'une couette remplie de plumes, d'un plaid moelleux devant un feu de cheminée crépitant, des pieds dans l'herbe tendre, d'une main qui s'attarde sur sa joue.

Mais l'âge de la douceur était celui d'Elsa. Elle avait passé son tour. Et les comptines fredonnées à voix basse, l'odeur de vanille tiédie, le biberon que l'on tourne et retourne entre les mains pour qu'il soit à bonne température, l'étreinte de bras souples et chauds, les petits rires dans la cuisine, la cuillérée de miel que l'on vous tend en fredonnant, tout cela était dévolu à Elsa.

Sasha, elle, aurait droit désormais aux amitiés indéfectibles, certes, à l'ivresse des premières fois, mais aussi aux chemins escarpés, à l'angoisse de devoir faire des choix, à la peur qui vous vrille le ventre avant d'entrer en classe, aux mains moites devant un exercice de physique. À un monde plein de rires et de folie, mais sans pitié ni tendresse.

La rupture avec l'univers douillet de la petite enfance avait eu lieu ce jour où son père avait choisi une randonnée près de Glencoe, pendant leur voyage en Écosse. Il avait griffonné deux croix sur la carte, qu'il avait pointées du doigt.

– Point de départ. Point d'arrivée. Trois heures de marche.

– Tu es sûr que ça ne fait pas trop ? Avec Elsa en porte-bébé ? s'était inquiétée la mère de Sasha.

– Oh et bien disons quatre heures à tout casser. On est capables de le faire. On se refilera le bébé.

Il avait désigné Sasha :

– Et toi, Championne, tu seras contente de l'avoir fait. Hein ? On va voir des paysages splendides, traverser des cours d'eau, crapahuter dans les rochers.

Sasha l'avait regardé, l'air songeur. Il avait raison, la marche était un sport accessible, même pour une grosse paresseuse comme elle. Elle prendrait des photos, cueillerait des fleurs sur le chemin, les ferait sécher pour son herbier. Elle chanterait avec sa mère, ferait des pauses en buvant du thé chaud dans un thermos et en mangeant des *shortbread*[4]. Le soir, il y aurait des crêpes au dîner.

Mais rien ne s'était passé comme prévu. Au réveil, la petite Elsa était fiévreuse. Ses joues étaient rouges, elle fourrait son poing dans sa bouche en pleurnichant. Les dents, sans doute.

– Ça va passer, avait dit son père.

– Mais il n'empêche qu'elle a de la fièvre, avait dit sa mère.

Sasha, attablée devant son petit-déjeuner, avait reposé son bol de chocolat. Elle avait demandé d'une petite voix :

– Alors on y va demain ? Tous ensemble ?

Elle regardait sa mère bercer Elsa sur sa hanche tout en décollant ses petits cheveux collés sur son front à cause de la fièvre. Le bébé mordillait un anneau de dentition avec énergie. Sasha ne décollait pas ses yeux de sa mère, mais cette dernière observait Elsa. Pas elle.

– À 14 heures on est partis. Prépare-toi, lui avait seulement dit son père en claquant la porte du cottage pour aller chercher des médicaments à la pharmacie du coin.

Sasha n'avait aucune envie de marcher seule avec lui. La randonnée familiale allait se transformer en

4. Biscuits sablés écossais.

épreuve, son corps le savait. Ses muscles s'étaient raidis, son estomac s'était rétréci, elle n'avait pu avaler qu'une moitié de pomme de terre au déjeuner. Elle avait enfilé son jean, un sweat, ses baskets, et son père l'avait obligée à nouer le K-Way de sa mère autour de sa taille. En Écosse, la pluie pouvait arriver à tout moment.

Dans la voiture de location, il avait allumé la radio. Ils avaient écouté *Life on Mars* de Bowie tandis qu'ils roulaient vers le départ de la randonnée. Sasha avait fredonné en regardant par la fenêtre la petite montagne. Elle lui semblait finalement accessible, même sous un ciel plombé.

Quand ils avaient entamé l'ascension, le vent chargé d'humidité sifflant dans leurs oreilles, il était 14 heures 30, mais on aurait pu croire que le soleil allait bientôt se coucher. Tous deux devaient crier pour s'entendre.

– C'est magnifique, hein que c'est beau ? Regarde ce petit torrent sauvage, là, entre les pierres, criait son père. On est bien, là, entre grands.

Plus le temps passait, plus il accélérait dans la montée, comme pressé par le temps. Mais Sasha n'avait plus de forces, chaque pas était plus difficile que le précédent.

– Traîne pas la patte, allez, on doit grimper tout en haut, l'avait apostrophée son père.

Sasha n'avait plus envie d'écouter la musique que son père diffusait sur son portable. Elle voulait se concentrer. Mettre un pied devant l'autre sur le sentier. Rattraper son père, le voir s'éloigner de nouveau. C'était presque comme s'il voulait la semer.

Ils suivaient un petit ruisseau creusé dans la lande comme ils auraient tenu une corde, afin de ne pas s'égarer. L'ambiance s'était tendue, le ciel avait pris une couleur d'encre. Plus ils avançaient, plus le sommet de la montagne semblait reculer. Sasha avait l'impression étrange de marcher vers les ténèbres.

C'est à ce moment précis que les petites voix s'étaient déclenchées en elle.

SASHA 1 : Mais qu'est-ce qu'il fait ? Pourquoi il va si vite ?

SASHA 2 : Il galope pour te tester.

SASHA 1 : Mais non, c'est pas possible… Et puis tu as vu ce ciel ?

SASHA 2 : C'est l'Écosse, bouffonne, c'est normal.

SASHA 1 : Et s'il y avait un orage ? C'est lui qui a dit : « Dans les Highlands, la pluie arrive vite. » Est-ce que papa est devenu dingue ?

SASHA 2 : J'en sais rien.

CHAPITRE 9

Elle avait hurlé :

– Papa, mais qu'est-ce que tu fous !

Mais il ne s'était pas retourné.

Le ciel s'assombrissait. Parmi les nuages de charbon qui se multipliaient, un petit nuage noir, plus foncé que les autres, restait accroché au sommet de la montagne comme un drapeau.

Sasha avait relevé la tête, clignant des yeux pour tenter de contenir le flux de larmes qui montait. *Splash*. Elle était tombée dans un trou rempli d'eau, s'enfonçant à mi-cuisses dans la boue. Elle avait hurlé, essayant de se dégager sans succès. Son père avait rebroussé chemin en courant, l'avait tirée à bout de bras, avant de l'engueuler.

– Regarde où tu mets les pieds, bon Dieu. Il nous reste encore une heure pour arriver en haut. Allez !

Trempée et transie, Sasha marmonnait entre ses dents :

– Il va pas pleuvoir, il va pas pleuvoir, c'est pas possible, faut pas qu'il pleuve. Faut rentrer. Ça fait trois heures qu'on marche, il va faire nuit. Il faut pas qu'il pleuve.

Son père avait interrompu son monologue :

– On attaque les rochers, ma puce. Regarde ça, pense à la vue qu'on aura !

Sasha s'était figée. Elle avait 11 ans, elle ne savait pas pourquoi son père lui infligeait tout ça. Mais elle était certaine que ce n'était pas normal.

Devant elle, son père se hissait d'une pierre à l'autre sans effort. Elle voyait ses mollets se plier, s'étirer, se plier à nouveau. Elle voyait les semelles de ses chaussures pleines de boue chercher des prises dans les interstices des rochers.

Elle tenta de suivre le rythme de son père mais son pied dérapa sur une motte de terre recouverte d'herbe et elle commença à glisser à toute vitesse vers le bas de la pente. Ses mains tentèrent d'agripper un rocher, puis un autre, en vain, elle continuait sa chute. Enfin, elle trouva une prise et se rétablit.

– Papa, il faut rentrer !

Elle s'égosillait dans le vent, songeant à cette famille partie à la mauvaise heure pour le ski de fond, qui s'était retrouvée dans une avalanche l'hiver dernier. Pas de portable, aucun secours. Seule la mère avait survécu. Les deux enfants et le père étaient morts de froid. Tous les ans, il y avait des accidents de montagne. Tous les ans. Elle avait entendu sa mère gronder à l'époque : « Quelle imprudence. Faire ça à des enfants. »

Son père la rejoignit d'un pas colérique. Elle avait hoqueté :

CHAPITRE 9

– S'il y a un orage, on est foutus. On est morts, tu m'entends !

– Si seulement tu avais de bonnes chaussures.

C'était tout ce qu'il avait trouvé à dire. Elle lui avait tourné le dos, ignorant ses cris, et avait dévalé la lande jusqu'en bas. Le souffle court, elle avait marché en silence jusqu'à la voiture, la rage au cœur, persuadée que son père voulait sa peau d'enfant.

Chapitre 10

Depuis l'épisode de la piscine, Sasha était devenue transparente. Certes, elle tenait toujours debout, mais une masse l'avait percutée en plein cœur. Elle était comme ces fantômes qui glissent dans les couloirs et passent les portes sans que personne ne les remarque.

PRISONNIÈRE : Une fille avec du vide dedans.

GARDIENNE : C'est beau ce que tu dis. Tu devrais écrire.

Sasha avait bien remarqué que les professeurs s'inquiétaient. La vidéo de son agression avait brièvement circulé sur les réseaux, avant d'être supprimée en raison de sa violence. L'adolescente n'en avait vu que le début, mais il fallait avouer qu'elle avait tout du film d'horreur : la lumière blanche clignotante, le décor froid du vestiaire de piscine, le rituel sauvage, tous ces abrutis avec leurs masques d'animaux, les bras ballants, ricanants, bestiaux.

Le proviseur avait tenté de la convoquer pour en parler, mais Sasha avait refusé. Elle préférait ne plus y penser.

« Sasha, on ne vous entend plus. Vous semblez ailleurs », s'alarmaient les enseignants. On lui proposait des rendez-vous avec un psychologue. Mais elle en était incapable.

SASHA 1 : Ne réponds pas. Ne réagis pas. Planque-toi.

SASHA 2 : DÉSEXISTE.

Sasha tira un trait sur toutes les amitiés possibles, s'interdit de croiser quiconque hors de l'enceinte du lycée, et même en dehors des salles de cours. Cela exigeait une grande maîtrise du temps.

Franchir le portail 3 minutes avant la sonnerie.

Traverser la cour au pas de course (1 minute et demie).

Cavaler dans les escaliers (5 secondes par étage).

Remonter le couloir pour rejoindre la salle (3 secondes).

L'objectif était de rejoindre la salle de classe en plein brouhaha, de lancer son sac sur un bureau libre – on la laissait toujours seule, de toute façon – et enfin disparaître.

CHAPITRE 10

Au fond, c'était rassurant de ne rien attendre. Il suffisait de fermer portes et fenêtres, de devenir absent à soi-même.

Ignorer les croche-pattes dans les allées, les insultes de Daria et sa bande, les regards de dégoût, rester sourde aux « pssst pssst » quand elle se rend au tableau. Ignorer les élèves qui quittent la table du réfectoire quand vous posez votre plateau, ignorer les gestes obscènes, le crayon levé dans le pantalon de Vincent pendant les cours.

Au mois de mars, la professeure de français fut remplacée par une stagiaire de 24 ans, Mara Thibault. Le chaos s'installa dès son arrivée dans la classe. Un jour anormalement chaud, alors qu'elle enseignait les fenêtres grandes ouvertes, Sam sauta sur la table et s'enfuit par les toits. Un mélange de rires et de cris d'hystérie envahit la classe.

L'enseignante, d'abord en état de sidération, s'était retournée calmement vers le tableau à feutres, qu'elle avait fait mine d'effacer en passant lentement l'éponge sur la surface blanche intacte. Sasha observait son dos, ses épaules fléchies et consternées, ses omoplates qui tressautaient très légèrement. Elle avait bondi.

– Arrêtez ! Vous ne voyez pas ?

Les regards convergèrent vers elle. Cela faisait deux mois qu'on ne l'avait plus entendue.

– Qu'est-ce que t'as Creepy ? Lécheuse, va ! l'attaqua une élève.

Ce soir-là, Sasha fut la dernière à quitter la salle de classe. En partant, elle adressa un sourire compatissant à l'enseignante. L'une ou l'autre aurait sans doute souhaité parler, mais on en resta là.

– Bonne soirée, Sasha, fit simplement la professeure. À demain.

À la maison, elle restait silencieuse. De retour dans sa chambre, elle avait pris l'habitude de baisser les stores et de se laisser engloutir dans le noir. Noirceur rimait avec douceur. La lumière, parfois, est aussi violente qu'un cri.

Ce soir-là, sa mère avait frappé à la porte, Sasha avait répondu « non ». Elle était entrée tout de même. Elle avait senti une odeur particulière provenant de la chambre de sa fille. Une odeur d'absence et de chagrin.

– Ma chérie..., avait-elle dit.

Sasha s'était redressée sur ses coudes, furieuse.

– Est-ce que je t'ai dit d'entrer ?

Sa mère s'était assise sur le bord du lit.

CHAPITRE 10

– Je ne sais pas ce qui ne va pas, mais il y a quelque chose, avait poursuivi sa mère.

Sasha avait haussé les épaules.

– C'est rien, je t'assure.

– Mais parle-moi. Je ne peux pas te laisser aller mal comme ça.

Sasha avait détourné la tête.

– Je ne peux rien dire.

Y avait-il seulement quelque chose à dire ?

SASHA 1 : Pas un mot. Elle n'a pas besoin de savoir. Qu'est-ce qu'elle pourrait faire, de toute façon ?

SASHA 2 : Verrouillage des portes, armement des toboggans. Attachez votre ceinture.

SASHA 1 : Vérification des missiles de défense, l'avion est prêt à décoller.

SASHA 2 : Tarée, va.

Allongée dans son lit, il lui arrivait de toucher la cicatrice du bout de son pied, là, à l'intérieur du mollet. Un petit renflement. Trois fois rien. Mais ça avait eu lieu.

Il y avait des parenthèses douces, quand elle partait en week-end à Lille, chez Bahia. Elles faisaient du shopping à la Ressourcerie, écumaient les friperies, mangeaient un cornet de frites brûlantes et dormaient ensemble dans le petit lit de Bahia.

Un dimanche matin, alors qu'elle était assise en culotte sur le rebord du lit de son amie, Bahia avait désigné du bout de l'index l'estafilade qui courait sur sa jambe.

– C'est quoi, ça ?

Sasha avait enfilé son jean en silence.

– Eh, meuf, tu réponds ? Tu te scarifies ?

Sasha avait eu un mouvement de recul qui signifiait « jamais de la vie ».

– Bien sûr que non. Pour qui tu me prends ?

– Alors ?

– Alors, rien, avait répondu Sasha. Ah, si. La varappe avec mon père. Tu sais, il est…

Bahia l'avait interrompue, élevant la voix :

– La varappe ? Te moque pas de moi. T'es juste tombée là, sur le mollet ? Je te crois pas.

– Eh oh, arrête ce flicage, s'il te plaît, avait lancé Sasha.

Bahia avait posé ses mains sur les épaules de son amie.

– Mais pourquoi tu me dis rien ? Moi, ta vieille pote ? On se racontait tout, non ? Tu te souviens : Nico, PLS, Gaspard le beau gosse ? Et tout ce qu'on a fait ensemble ? T'as déjà oublié ?

CHAPITRE 10

Sasha avait soutenu le regard de son amie. Oui, Bahia lui avait appris à fabriquer un pélican en origami, à danser sur Abba, à recoudre un ourlet. C'était une de ces filles dégourdies qui ont leur permis du premier coup et réussissent médecine ou les Beaux-Arts avec classe. Une de ces filles stylées, au cerveau bien câblé, dont jamais aucun neurone ne déviait de sa trajectoire d'origine pour aller broyer du noir, du doute ou de l'incertitude.

Une fille à qui ÇA ne serait jamais arrivé.

Sasha savait que ce n'était même pas la peine de lui expliquer. Qu'elle ne comprendrait pas. Ou en tout cas pas vraiment.

Bahia avait fait claquer sa langue, désapprouvant le silence de son amie.

– Tu sais, toi, il faut que tu changes quelque chose, avait-elle dit en se levant.

Elle était allée chercher la paire de ciseaux dans sa boîte à couture et les avait brandis fièrement. Sasha avait haussé un sourcil. Un petit sourire s'était accroché à ses lèvres tandis qu'elle essayait d'imaginer ce que Bahia avait en tête.

– Je SAIS ce qu'il te faut !

Elle l'avait installée devant le miroir de sa coiffeuse et avait commencé à donner du volume aux cheveux raides de Sasha. Très vite, elle avait attrapé une mèche entre ses doigts.

– Tu serais canonissime avec une frange, avait-elle dit en adressant un clin d'œil au reflet de Sasha.

Elle avait commencé à fredonner :

– Une frange, frangine. T'as vu comme ça te change ? Styyyléééé !

Leurs deux visages étaient côte à côte devant le miroir. Et Sasha ne pouvait le nier : la frange gommait son front proéminent, soulignait son regard, et lui donnait un style presque bravache. Elle devenait une brune aux yeux bleus avec du caractère.

Clic clac. Bahia la coiffeuse avait pris les choses en main. Et Sasha avait ri pour la première fois depuis longtemps.

– C'est moi, en mieux. Comment tu fais pour tout savoir, toi ?

Bahia avait éclaté de rire. Souriant aussi, Sasha se contemplait dans le miroir. Elle se trouvait de faux airs avec les filles de cette marque de cosmétiques bio dont Bahia et elle se moquaient souvent, avec leur air arrogant et glacé, qui tapotaient leur visage du bout des doigts pour y appliquer des sérums hors de prix.

Elle garda pour elle cette révélation : elle se trouvait enfin jolie.

CHAPITRE 10

À côté d'elle, Bahia continuait de manipuler les lames avec dextérité. *Clic* par-ci, *clac* par-là.

– Tu vois, il vaut mieux s'en servir pour ça que pour te blesser…, avait-elle commencé en désignant la paire de ciseaux.

– Mais arrête avec ça, c'est faux !

– Meuf, il y a tellement de filles qui se scarifient avec des cutters, des pointes de stylo, c'est un truc de ouf, elles sont dingues. Les mecs aussi d'ailleurs. Tu ne serais pas la première ni la dernière à tomber là-dedans.

– J'aimerais te dire que c'est ça. Tu ne peux pas savoir comme j'aimerais. Ce serait tellement plus simple…

Elle avait marqué un temps, se concentrant pour chasser les larmes qui affleuraient.

– Il m'est arrivé un truc. Un jour je t'en parlerai. Promis. Mais là, je peux pas.

Bahia avait saisi les mains de Sasha, l'avait attirée contre elle et bercée doucement dans ses bras. Sasha pouvait sentir son odeur de vanille et de lait chaud. C'était d'une douceur douloureuse. Car cette douceur allait cesser net à 20 heures 04, heure de départ de son train.

– Ma Sasha, te laisse pas faire.

– Je gère. Je t'assure que je gère. Mais parfois… je me demande pourquoi moi. Quand même… Pourquoi *toujours* moi ?

Après cela, elles n'en avaient plus parlé. Sasha avait repris son train pour Paris. Puis un autre pour rentrer chez elle.

La rue qui conduisait à sa maison était déserte, éclairée par la lune seule, et les talons de ses bottines faisaient un bruit assourdissant.

Elsa avait adoré la frange de sa sœur. Sa mère l'avait embrassée en disant que cette Bahia faisait des miracles. Son père avait soupiré.

Le lendemain, sa meilleure amie lui avait envoyé des photos prises devant le miroir. Elle avec sa nouvelle frange et un air paisible qui lui allait bien. Il y avait aussi le lien vers un article sur le harcèlement écrit par une psychologue de l'école de Palo Alto : « Si votre enfant est harcelé par un groupe, demandez-lui de solliciter d'autres élèves, afin de créer un cordon sanitaire autour de lui. Ainsi il ne restera pas seul face au groupe harcelant. Ses amis feront contrepoids. Ainsi, il sera dissuasif pour le groupe de s'en prendre à lui. Mais surtout, vous, parents, n'intervenez jamais. »

Sasha avait répondu par trois petits cœurs. Elle ne connaissait qu'une seule personne susceptible de faire « cordon sanitaire ». Et cette personne avait eu la mauvaise idée de partir dans une autre ville.

Chapitre 11

Dans la chambre, 5 mars 2024

Markus avance vers elle, hanches félines, boucles châtains dégringolant devant les yeux. Il souffle vers le haut pour faire voler sa mèche. Torse nu, il porte un jean bleu délavé, lacéré aux genoux et tombant bas sur les hanches. Son ventre est plat et musclé, avec au centre son adorable nombril.

Un grand sourire creuse sa fossette. Il est si proche maintenant qu'il peut caresser sa joue. Il baisse les yeux vers elle, l'attrape délicatement par la taille, la soulève et la serre contre lui. Sasha sent la chaleur de son torse tout contre elle, s'appuie sur ses larges épaules. Il lui chuchote à l'oreille : « Je t'aime. » « *Du bist so süß*[5]. » Il lui parle comme il la regarde, avec une infinie douceur.

Il l'emmène jusqu'au lit, l'allonge, caresse ses hanches, son ventre. Son regard devient puma, il la

5. « Tu es si mignonne », en allemand.

déshabille. Sasha fait courir ses mains sur son dos, l'attirant à elle.

Et puis, sans transition, le voilà allongé sur le bitume, nimbé d'une lumière froide, regard vers le ciel. Il tourne doucement la tête vers elle, ouvre à demi la bouche, puis sa tête retombe sur le côté, ses yeux se ferment pour toujours.

Au loin, on entend le carillon d'une église.

Sasha ouvre les yeux. Son ventre se creuse sous le coup d'une nostalgie affreuse. Markus était là, son corps était chaud sous ses doigts. Il était drôle et tendre. Et vivant. Elle se recroqueville entre ses draps froissés, les pieds hors de la couette, elle a froid, elle se berce lentement.

Elle avait pourtant tout verrouillé, comme on visse un à un les points d'un cercueil. La nuit est une salope, elle agit en douce, dès qu'on a le dos tourné.

C'est dégueulasse.

Sasha pleure.

Plus jamais tu ne reviens dans mes rêves. Plus jamais.

Ping-Ping-Ping.

Ça sonne et ça n'est pas l'église, mais WhatsApp. Ça sonne dans son téléphone. Des notifications en pagaille.

CHAPITRE 11

Il y a dix jours, elle a accepté de rejoindre les huit membres de Porte H. Hadrien a immédiatement posté un message :

> Hello, je vous présente Sasha, 16 ans,
> H depuis moins d'un an. Oui, Sasha, on dit "H"
> entre nous. Sasha tu peux nous envoyer une
> photo de toi, si tu veux.

PRISONNIÈRE : No way.

Sasha avait répondu : Plus tard.

Une myriade d'émojis et GIF avaient suivi, lui souhaitant la bienvenue : main qui fait coucou, confettis, coupes de champagne, émoji baiser.

> **Lila**
> Trop contente, je me sentais seule avec tous
> ces mecs. Moi, c'est Lila.

GARDIENNE : Dis un mot !

PRISONNIÈRE : Qu'est-ce que tu veux que je raconte ? Qu'on est seulement deux filles dans un groupe de neuf ? Qu'on va forcément devenir les meilleures copines de la Terre ? Pas question.

Tim
Hey Sasha, moi c'est Tim. Tu peux m'appeler si t'as pas le moral, je ne dors jamais avant 5 heures.

Petrus
Yep. Si tu pouvais arrêter de nous balancer des liens et de la musique toutes les nuits...

Tim
Au moins, c'est utile pour les insomniaques, non ?

Petrus
Je te charrie, mec. Bon, tu vois, Sasha, on n'est pas méchants, on s'entraide comme on peut. C'est pas les alcooliques anonymes, ici. Faut pas croire.

PRISONNIÈRE : Juste les reclus super relous.

GARDIENNE : Chut. Sois un peu sociable. Ils te tendent la main.

PRISONNIÈRE : Je regrette déjà. *Boring*.

GARDIENNE : Les rencontres, les premières poignées de main, c'est rarement fun.

PRISONNIÈRE : Sauf quand j'ai rencontré Bahia.

CHAPITRE 11

Gardienne : Arrête d'être monomaniaque. Y a pas qu'une amitié dans une vie.

Prisonnière : J'avoue.

Gardienne : Alors écoute, lis, réponds. Fais un minuscule effort.

Sasha n'avait pas liké, pas commenté, posté aucune photo. Elle avait serré Mochi dans ses bras en regardant défiler la conversation – sur un jeu vidéo dont elle n'avait jamais entendu parler, qui venait apparemment de sortir.

En entrant dans ce groupe, c'est comme si elle avait pénétré dans une salle grande ouverte, sur le bout des orteils, et qu'elle avait pris place sur la seule chaise vide parmi celles qui étaient disposées en cercle au centre de la pièce. C'était sa première séance, elle n'avait fait que lever un pouce de temps à autre, en se camouflant derrière sa frange. Finalement, ce n'était pas si terrible. Elle avait même fini par leur envoyer une photo de Mochi.

Aujourd'hui, à 13 heures 50, elle a envie de claquer la porte. Elle tient une cigarette dans la main gauche et scrolle de la droite. Douze messages. Elle a du mal à suivre, parfois. Ça va trop vite pour elle. Elle hésite à quitter le groupe, retrouver sa tranquillité.

En face d'elle, Mochi est tassé sur lui-même, oreilles aux aguets, prêt à bondir, et l'observe d'un œil furieux, les narines palpitantes.

– Je sais, Mochi, t'aimes pas que je fume. Regarde, j'ai réduit depuis que t'es arrivé. Je suis à 5-6 clopes max par jour ! Je ne fume plus jamais le matin. C'est déjà bien.

Elle écrase son mégot sur le rebord de sa canette et ferme la fenêtre. Son cœur pèse lourd dans sa poitrine. Depuis son rêve de cette nuit, elle a peur que Markus revienne bousculer sa solitude et raviver le chagrin. Alors elle décide de rester dans le groupe Porte H. Au moins, c'est une distraction.

Lila
Qui vient mardi ?

Petrus
Déjà ?

Hadrien
Oui, poto, ça fait quinze jours.

Tous les quinze jours, les membres de Porte H sont invités à se retrouver dans un bistro au pied des Halles, Vers chez nous, une petite bicoque aux allures de chalet qui sent la bière à plein nez. Hadrien lui avait raconté les tergiversations des uns et des autres. Tim, par exemple, promettait tout le temps de sortir mais ne parvenait pas à franchir la porte de sa chambre. Petrus, incapable de prendre le métro, courait tout le long du trajet, pénétrait en sueur dans le bar, avalait une gorgée de bière pour repartir à bride abattue dans l'autre sens. Lila, elle n'était jamais parvenue à franchir le seuil de sa porte. Les autres s'en sortaient mieux.

Hadrien
Sasha, si tu veux venir, tu es la bienvenue. C'est facile, parce que c'est le soir et qu'il fait noir. On a des trucs pour y arriver : une capuche pour se protéger, une petite playlist méditation ou un WhatsApp vidéo pour se parler sur le trajet. Un pied devant l'autre, on avance.

Milo
Le plus flippant, c'est le RER. Le regard des autres.

Hadrien
À pied, c'est les bruits. Tous les bruits.

Ça surgit comme des gros rats noirs sur le trottoir, ça fait peur. Vous êtes comme moi ?

Petrus
On n'a plus l'habitude. Je crois. Des regards, des bruits.

Hadrien
Ça revient vite. Y a même un moment où tu regardes les autres sans les voir.

Lila
Trop horrible [*émoji sanglots*].

PRISONNIÈRE : Je devrais peut-être leur dire que je vis toute la journée sous ma couette, mes écouteurs dans les oreilles, quelque part dans la galaxie de l'Hypersilence. Avec un bon vieux baobab dans la main.

GARDIENNE : Et si tu leur donnais ton tip : le casque antibruit.

Elle aimerait écrire cela, juste ces quelques mots : « Vous avez essayé le casque antibruit ? » Mais elle n'a aucune assurance que ça en resterait là. On lui demanderait la marque de son casque, où elle l'a acheté, si on peut le trouver sur eBay, si elle recommande d'autres modèles...

Elle devrait faire face aux réactions des autres. Ce danger des « mercis », cette mise à nu, cette gêne. Et puis, on lui demanderait forcément si elle viendrait à la prochaine sortie, si elle peut leur envoyer une photo du casque. Et tout cela, le casque, les émotions, tout ce ramdam, comme dirait mamie Martine, la ramènerait encore et toujours au même endroit fermé à double tour.

Sasha ferme WhatsApp, retourne son téléphone, ouvre la fenêtre et s'installe sur le vélo d'appartement. Elle l'allume, la machine ronronne doucement. Avant de lancer sa session, elle pense à sa journée :

Demander un autre paquet de croquettes à maman pour Mochi. Et un sachet de friandises.

Nettoyer la litière. Sinon l'odeur risque de s'incruster dans son lit.

GARDIENNE : C'est la meilleure, ça. Ça ne t'a jamais dérangé, les odeurs.

PRISONNIÈRE : Oui, enfin... Le pipi de chat... Bon... Tu me lâches ? Là, je suis sur le vélo. J'ai besoin de me concentrer.

GARDIENNE : Oui, sauf que pendant que tu pédales, t'entends pas que ça frappe, à la porte. *Tap*

tap tap, hein ? Allez. C'est l'heure... de la gentille psy qui parle aux murs.

PRISONNIÈRE : Elle laisse jamais tomber ?

GARDIENNE : Elle est payée 60 balles. C'est précisé sur son site. Et même 80 balles quand elle se déplace.

PRISONNIÈRE : Donc 240 balles pour les trois séances ! C'est pour ça qu'elle insiste...

Tap tap tap. Clic clic clic.

Tapotement et cliquètement de bracelets.

– Sasha, es-tu là ?

Sasha cesse de pédaler.

La voix de Manon Roger, ferme et claire, laisse deviner une pointe d'agacement.

– Comme je te l'ai écrit, Sasha, c'est la dernière fois que je viens. Je ne vais pas continuer à faire payer tes parents pour rien.

Sasha se mord les lèvres, c'est comme si elle avait entendu son dialogue intérieur. Elle refoule ses petites voix envahissantes et écoute.

– Parler à une porte, sincèrement, ça n'est pas ma mission de vie, poursuit la thérapeute. Donc, s'il te plaît, cette fois, j'ai besoin de savoir si tu m'écoutes ou non. Je te laisse cinq minutes. Je fais le pari pascalien que tu es réveillée. Aucun être humain ne peut dormir toute la journée comme ça... À moins d'être sous l'emprise de drogue ou de médicaments. Donc, Sasha, je crois que tu m'entends. Surtout si je parle un peu fort. Hum, tu m'entends, là ? Et si je tambourine comme ça ?

Tap tap tap. Son poing s'abat légèrement sur le bois, ses bracelets tintent. *Clic clic clic.*

Sur son vélo, Sasha est comme paralysée. Elle inspire, prend appui sur le guidon et saute bruyamment sur le parquet. Silence. La voix de la psy se radoucit quand elle lui conseille de s'approcher de la porte. Elle ne dit ni bravo, ni merci.

– Sasha, je te promets que je n'entrerai pas. J'ai juste besoin de savoir que tu m'entends.

Un parfum frais pénètre par les interstices de la porte. Violette, marguerite, fleurs des champs... C'est fort et doux.

Sasha place sa main sur son cœur comme pour calmer la galopade. Elle déteste les bruits humains. Elle hait les mastications, les chuintements, les bruits de bouche, les cliquètements de bracelets, le couinement des chaussures, les dents qui s'entrechoquent. Même les siens. C'est plutôt récent. Depuis qu'elle ne sort plus.

Prisonnière : Plus tu t'éloignes, moins tu supportes le monde.

Gardienne : T'es misanthrope. Et misophone.

Prisonnière : Ouah, t'as du vocabulaire.

Gardienne : J'ai Google.

Elle se dirige vers son bureau, récupère son casque antibruit et s'assoit en tailleur tout contre la porte, le casque à portée de main. Juste au cas où. Elle sent un mince filet d'air caresser ses pieds nus, comme si quelqu'un avait ouvert la petite fenêtre en haut de l'escalier. C'est sans doute Manon Roger. Décidément, elle prend ses aises. De quel droit se permet-elle d'ouvrir une fenêtre ? Est-ce que ça sent le renfermé ?

Manon Roger toussote et se lance :

– Je suis heureuse de te parler en direct, Sasha. Bon... Je préférerais voir tes yeux, ton visage, mais c'est déjà un grand pas. Je suis honorée que tu m'accordes ta confiance. N'aie pas peur de ce qu'il y a derrière la porte, ça n'est pas un saut dans le vide, tu comprends ?

Elle se tait quelques secondes. Sasha l'entend prendre son inspiration.

Elle poursuit :

CHAPITRE 11

– Que penses-tu d'une séance d'hypnose, Sasha ?

PRISONNIÈRE : *No way*. Voilà ce que j'en pense.

GARDIENNE : Écoute… Pour 80 balles, tu peux essayer.

PRISONNIÈRE : Je lui laisse 5 minutes.

GARDIENNE : Tu as ton casque si jamais tu paniques. Tu sais comment fonctionnent les casques antibruit ? Ils émettent des ondes contraires, qui viennent annuler les bruits de l'extérieur. Tu ne risques rien.

PRISONNIÈRE : Pourquoi parler de ça maintenant ?

GARDIENNE : Parce que je panique.

– Sasha ? Je m'adresse à la Sasha qui a envie de sortir, continue doucement la thérapeute. Car je sais qu'elle existe, cette Sasha, à côté de celle qui a peur. C'est comme ça. Nous crevons d'envie de sortir, mais nous sommes effrayés. Nous désirons être amoureux, mais avons si peur de tomber. Nous hésitons entre nous baigner dans une rivière fraîche et regarder une série sous la couette. Et au moment du décollage, pendant que l'avion est ballotté dans le ciel, on est à la fois exalté surexcité et terrorisé.

La voix se tait. Puis reprend :

– Moi aussi, Sasha, j'ai envie de rester chez moi pour regarder ma série préférée en mangeant des bonbons. Mais il y a en moi une autre Manon Roger, qui rêve d'aller à l'aéroport, de regarder le panneau des départs et de sauter dans n'importe quel avion. Comme ça, sur un coup de tête. L'avion ou le train. Tu aimes prendre le train ? C'est tellement facile. On arrive à la gare, on se dirige vers le quai. On fait rouler sa valise, on grimpe, on trouve sa place. Et hop, c'est parti.

Un frisson secoue Sasha. Est-ce que la séance d'hypnose a débuté ? De la main droite, elle fait glisser vers elle le précieux casque, les doigts crispés sur les cache-oreilles molletonnés.

– Tu aimes l'Italie, Sasha ? Je pense, n'est-ce pas ? Tout le monde aime l'Italie. Une fois, j'ai pris un train de nuit sans réfléchir. Pour Rome. Oui, Rome, hop, comme ça. En plein mois de mai. Je suis sortie de la gare et j'ai senti cette odeur d'amandiers. C'était incroyable. Le soleil, une odeur d'amandiers, un cappuccino, un garçon aux pieds nus dans ses mocassins en cuir, la brise, tout autour de moi. Tu vois, rien qu'en y repensant j'ai les larmes aux yeux. Le pouvoir des mots est très puissant, Sasha. La brise, il suffit de l'évoquer pour la ressentir. En ce moment même, elle m'envahit. Quel bien-être.

CHAPITRE 11

GARDIENNE : Putain, l'Italie.

PRISONNIÈRE : Les pizzas. Les glaces au chocolat au lait, à la stracciatella…

GARDIENNE : Je dessinerais bien l'Italie. Une terrasse de café à Rome, une fontaine cristalline. Vite, qu'elle parte.

PRISONNIÈRE : Écoute-la, pour l'instant.

GARDIENNE : …

Sasha dresse l'oreille, ferme les yeux.

Derrière la porte, la voix se fait si douce. Ses mains pèsent cent kilos sur ses genoux. Elle est coulée dans du béton, impossible de bouger.

Elle entend :

— Pour trouver l'inspiration… respirer un autre air… Toi qui dessines… La brise, les cerisiers… Le bruit de la fontaine sur la place… Le bruit de l'eau… L'accent… Hermès… Hestia…

Il faut qu'elle se concentre.

–… dessiner en s'inspirant de l'extérieur. C'est comme écrire, on est obligé de sortir pour créer. Le nombril n'est pas une muse. Si on ne sort pas, ça manque de chair, de corps, de parfum. Même pour dessiner on en a besoin, des parfums.

Elle a envie de grommeler. *Comment est-ce qu'elle sait ça, que je dessine ? C'est mes parents, hein ?*

Elle détend sa main autour du casque. Sa respiration est soudain ample. Un vent doux et chaud circule en elle. Est-ce son propre souffle ?

Elle ouvre les yeux. Il est 17 heures, pourtant elle jurerait qu'elle ne s'est pas endormie. Elle a l'impression d'avoir pris un bateau, d'être allée faire un tour sur l'Arno. C'est comme si elle avait testé un casque de réalité virtuelle. Elle s'étire. Le jour commence à baisser.

Il y a un papier sous la porte. Un petit triangle blanc qui dépasse. Elle tire la feuille vers elle.

« Sasha,

J'espère que tu t'es bien détendue. Je t'ai raconté l'histoire d'Hestia et Hermès, mais je ne suis pas sûre que tu l'aies entendue. C'est une de mes histoires préférées. Je vais te l'envoyer par mail.

À jeudi,

Manon Roger. »

L'ordinateur ronronne comme un gros chat quand elle l'allume. Sasha trouve aisément le message de la psychologue. Objet : « Hestia et Hermès, les inséparables ».

Manon Roger

À Sasha Vautier

CHAPITRE 11

Sasha,

J'aimerais te raconter une histoire. Est-ce que tu connais Hestia, la déesse de la maison, et Hermès, le dieu des voyageurs ? Les Grecs les avaient associés. Ils voyaient en eux un couple de divinités unies et opposées.

Hestia est sédentaire, casanière, occupée à organiser sa petite maison, bien clôturée, alors qu'Hermès est nomade, vagabond, se riant des frontières, transgressant toutes les limites.

Tu me vois venir, n'est-ce pas ?

Nous sommes des enfants d'Hestia quand nous pantouflons devant nos écrans, restons indifférents aux autres et ne répondons pas aux mains qui se tendent.

Nous sommes des enfants d'Hermès quand nous partons tous les week-ends, quand nous filons en bateau, en avion, sans jamais rentrer à la maison.

Tous deux sont des pièges qui se referment sur nous. Plus on reste dans sa maison, plus on révère la déesse Hestia, plus l'extérieur nous fait peur. Et plus on fuit dans le vaste monde, plus on est effrayé de rentrer à la maison, auprès de sa famille. Nous avons besoin des deux, et nous devons vivre, comme des funambules, entre ces deux pôles, partagés entre Hestia la rassurante mais peut-être étouffante, et

Hermès le vent qui nous porte en avant.
À mardi.

Sasha hoche la tête. Elle hésite à répondre.

Elle aimerait n'être ni candide ni agressive. Et pourtant, il y a de quoi faire, ironise-t-elle intérieurement. Cette psy ne vaut pas mieux que les plus relous des parents de la page Facebook qu'elle a recommandée. Alors comme ça, elle aussi, elle rêve de donner un coup de pied aux fesses à tous ces sales mollusques qui traînassent dans leur lit ? Elle aimerait les envoyer en haut d'une montagne, le sac à dos chargé de pierres, les poumons remplis d'air suroxygéné. Mais il est où, l'oxygène ? Elle est où, la montagne ? Est-ce qu'on a vu la gueule du dieu des voyageurs ?

À la place des ailes, il a des flammes aux pieds. Quand il vole, il crame tout sur son passage. Il a tout déboisé, tout défriché, tout chaluté. Jusqu'au fond du fond des océans. Pulvérisé les coraux, saccagé les récifs, fumé les forêts et asphyxié les grands singes.

Hey, Manon Roger, est-ce que tu peux imaginer une seconde que nous, nous n'ayons pas envie de partir avec nos sacs à dos, la fleur au fusil, entre potes ? Et puis, comment pourrions-nous voyager ?

CHAPITRE 11

En paddle ? On ne peut plus prendre l'avion ni la voiture. Alors, oui, c'est vrai, ce que tu dis, plus on s'enferme, moins on a envie de sortir. Moins on a envie de contempler le désastre. Plus on a peur. Les étés trop chauds, l'air pollué et les oiseaux qui ne chantent plus. Hermès, c'est la *lose*. Hermès, c'est le péteux de Tinder qui t'en met plein la vue avec ses biceps, ses copains sympas, ses paysages de rêve mais ne tient pas ses promesses. Hermès, il a foiré, il nous fait peur. On n'a plus trop confiance, tu comprends, j'attends pour sortir qu'on arrête le massacre, le harcèlement entre espèces vivantes. Quelles qu'elles soient. Stop, t'as compris, foireux d'Hermès ? Éteins ce feu et reprends tes ailes.

Sasha aimerait lui écrire tout ça.
Mais ça non plus, elle ne le peut pas.

Chapitre 12

9 avril 2023

La mère de Sasha tourne le volant à droite.

– Le bus est déjà là.

Sur le siège passager, Sasha enfile sa capuche.

– Tu as froid, minette ? s'inquiète sa mère.

Non, pense Sasha, *juste envie de disparaître.*

Une fois la voiture garée, elles pénètrent dans un vaste hall aux allures de parking. Les lumières crues au plafond éclairent de petits groupes de trois ou quatre adolescents. Le nez vert pomme du FlixBus leur fait face. Il faut le contourner pour accéder au ventre ouvert de la soute.

Sasha accélère le pas, la tête dans les épaules. Quelques visages se tournent vers elle, comme au ralenti. Plus loin, Daria lève le menton dans sa direction d'un air de défi, avant de murmurer quelque chose à l'oreille de Zoé, encore plus pâle que d'habitude sous les néons. Sasha pivote machinalement vers sa mère, qui troque in extremis son air désolé pour un sourire qui se veut réconfortant.

Sasha comprend que sa mère, quelques pas derrière elle, est en train d'évaluer le degré de solitude de sa fille.

Elle la rejoint, murmurant :

– Ça va aller, minette. Tu es sûre que tu auras assez chaud ?

Sans attendre la réponse, elle fouille dans sa besace en cuir, en retire un pull gris roulé en boule.

– Tiens, je l'ai attrapé au dernier moment avant de partir, tu sais le cachemire de papa…

– Maman. On est en avril, et l'Allemagne, c'est pas la Sibérie.

– Prends tout de même…

Sasha attrape le pull et le fourre dans son sac à dos. Quand elle relève la tête, elle voit que sa professeure d'allemand approche, dans sa parka noire et ses bottes à talons compensés. Elle leur adresse un petit signe de tête.

– Bonjour Sasha, bonjour madame Vautier.

Elle épluche la liasse de papiers qu'elle tient dans les mains, griffonne une croix sur la liste.

– Sasha Vautier. Voilà, tu es là ! Tiens, tu vois le chauffeur, là-bas ? Il va t'aider à mettre ta valise dans la soute.

CHAPITRE 12

Elle se tourne vers la mère de Sasha avec un grand sourire.

– Sasha a beaucoup de chance, elle se retrouve dans Mitte, le centre historique de Berlin, dit l'enseignante. Soyez rassurée, nous ferons tout pour que ça se passe bien.

Lisbeth Vautier ouvre la bouche puis la referme. Sasha devine aisément ce que sa mère peut penser. Rassurée ? Mais pourquoi devrait-elle l'être ? Les propos de la professeure semblent l'inquiéter. L'enseignante tourne déjà les talons pour accueillir un nouvel arrivant.

Sasha rejoint le chauffeur, lui confie sa valise. Lorsqu'elle revient, sa mère esquisse un sourire lisse.

– Tu es vraiment ravissante avec cette frange, tu sais ? Au fait, as-tu pris tes précautions ? Le prochain arrêt, c'est Luxembourg.

Sasha hoche la tête sans un mot et laisse sa mère l'enlacer.

– Tu as de quoi lire ? Tu as enregistré les épisodes de ta série ? Et ton podcast, là, que tu aimes bien ? Travers ?

Sasha se dégage des bras maternels.

– Transfert ! Mais oui, maman, il y a le wifi dans le bus. Et des toilettes. J'ai bien mes mots fléchés force 3 de petite vieille, mon pique-nique et mon thermos de thé vert. Tout va bien. Je t'appelle en arrivant.

– Envoie-moi un texto pendant le trajet. Promis ?

Sasha s'éloigne. Avant de changer d'avis, elle grimpe dans le bus et trouve une place libre à côté d'une fille de la seconde 3, qui retire de mauvaise grâce son sac à dos pour libérer le siège côté couloir. Sasha allonge ses jambes et penche la tête vers la vitre.

Dans le ciel, la lune brille déjà. Un minuscule croissant d'une lueur froide. Le bus démarre dans une cacophonie de voix et de rires. Sasha enfonce les écouteurs dans ses oreilles. Il fait chaud dans l'habitacle, elle inspire à fond et profite du départ. Dans dix minutes, elle écoutera la première histoire de son podcast préféré. Elle a sélectionné « Une success story ordinaire », l'histoire d'une fille, Édith, dont la vie a changé quand elle est tombée enceinte un peu par hasard pendant le confinement. Sasha adore ces histoires anonymes, qui la transportent ailleurs pendant presque une heure. Il y est question de peurs, de galères, d'amitiés non réciproques, d'emprise et de violence, de voyages qui tournent au cauchemar, de grossesse non désirée, d'accouchement seule à la maison, de personnes atteintes de TOC improbables. Elle peut en programmer trois ou quatre d'affilée sans s'ennuyer une seconde. Elle se retrouve dans une bulle, une petite maison de location, pendant 45 minutes ou une heure, au chaud, à distance d'elle-même. Elle aime tout, y compris la bande-son, savoureusement inquiétante.

Pour l'instant, calée au fond de son siège, elle se laisse bercer par le roulis du bus. Elle n'a besoin de personne, d'aucune histoire pour remplir le vide. Au contraire. Sasha se sent étrangement vide, presque heureuse. Elle aurait voulu que ce trajet dure toujours. Elle est en sécurité dans son fauteuil molletonné, avec de quoi boire, de quoi lire, de quoi s'occuper.

Il ne lui manque plus que Poolpy, qu'elle a cachée dans sa valise, sous ses vêtements. Parce qu'on ne sait jamais. Parce que dans ses pires cauchemars, elle imagine que des mains perverses déverrouillent sa valise, en extirpent Poolpy, en la brandissant sous les huées de la foule. Reste maintenant à espérer que sa correspondante soit gentille. Bienveillante. Un peu marrante tout de même.

Elle s'appelle Birgit, et Sasha espère du fond du cœur ne pas tomber sur une fille assommante. *Avec ma chance, ce n'est pas exclu*, pense-t-elle. Elle se met en quête de son profil sur son téléphone. La fiche de sa correspondante indique que Birgit aime le théâtre, l'opéra, le VTT en famille dans la forêt de Grunewald, où elle adore pique-niquer avec des amis le week-end. Dans les commentaires particuliers, elle a écrit : « *Für mich ist Freundschaft wichtig.* » « Pour moi, l'amitié est importante. »

SASHA 1 : Tu vois ce que je vois ?

SASHA 2 : Archi politiquement correcte. Une miss Berlin !

SASHA 1 : Estime-toi heureuse, elle n'a pas écrit qu'elle était contre la guerre, la famine et le cancer.

SASHA 2 : Tu sais, j'ai baissé mon seuil d'exigence. Je rêve d'une fille juste gentille. Ça sera le comble du bonheur.

Sasha lève les yeux de son téléphone et sursaute. Debout dans le couloir, Daria s'est agrippée au dossier de son siège. Ses ongles bleu pailleté brillent dans la nuit. Elle scrute Sasha de haut en bas comme si elle avait aperçu un troll à la Fashion Week. Sasha retire un écouteur.

– Tu peux me foutre la paix ?

– Hey, Creepy, crise pas. Je viens juste voir si tout va bien, lâche Daria en mastiquant son chewing-gum d'un air doucereux.

La voix de Mme Gerbert s'élève depuis l'avant du bus :

CHAPITRE 12

– Daria, reste à ta place, s'il te plaît. Je ne veux plus te voir approcher Sasha, c'est compris ?

Elle est donc au courant ? songe Sasha. Elle se dit qu'au moins, elle aura un peu la paix pendant ce voyage. Sa professeure d'allemand lui jette de petits coups d'œil régulièrement, comme une sentinelle. Mais c'est trop tard. Peu importe que ses professeurs soient au courant, puisque ça a déjà eu lieu.

Elle ferme les yeux, glisse les mains entre ses cuisses pour les réchauffer. Sa voisine dort, bouche ouverte, en émettant un tout petit ronflement au même rythme que les vrombissements du moteur électrique.

Pendant le trajet, elle écoute six épisodes de son podcast, fait deux pauses pipi, et dort plusieurs heures grâce aux comprimés de mélatonine et mélisse que sa mère a pris soin de glisser dans ses affaires.

Après douze heures de route, le FlixBus et ses adolescents endormis et grognons arrivent enfin à Alexanderplatz, la grande place du centre de Berlin, dans le quartier de Mitte, avec sa drôle de tour de télévision et son flot incessant de passants.

Une brume matinale glacée mouille les trottoirs et congèle l'atmosphère. Les familles d'accueil sont là, sous les parapluies multicolores. Sasha récupère sa valise tout en essayant de repérer la famille de Birgit Habel. Une fille arrive vers elle, sourire aux lèvres.

– Sasha ?

– Oui, euh... *ja*. Birgit ?

C'est Birgit. Sasha ne l'aurait jamais reconnue d'après sa photo. Elle arbore des mèches bleues et roses, et sa peau grêlée par l'acné est camouflée par une épaisse couche de fond de teint. Souriante et jolie, elle a l'air ravie d'être ici, sous la pluie un lundi matin. Son père, cheveux gris et imperméable beige, tout sourire, la gratifie d'une vigoureuse poignée de main.

SASHA 1 : Dis donc, pas si reloue, cette Birgit. Franchement rebelle, enfin presque.

SASHA 2 : Et super chaleureuse. Le père a l'air cool aussi.

SASHA 1 : Mais ils parlent tellement vite ! À part « *ja* », je ne peux rien dire.

SASHA 2 : Dans deux jours, ça ira mieux.

Un peu perdue dans la conversation, Sasha suit sa correspondante et son père jusqu'à la voiture. Birgit l'aide à ranger sa valise dans le coffre, puis ils démarrent.

CHAPITRE 12

Dans la poche arrière de son jean, Sasha reçoit des messages de son opérateur, qui lui signale – au cas où elle aurait loupé une étape –, qu'elle se trouve en Allemagne et que son forfait international lui permet d'appeler et d'aller sur Internet. Super. Suit un SMS de sa mère auquel elle s'empresse de répondre.

> Coucou Sasha, tu es bien arrivée, ma chérie ? Donne-moi vite de tes nouvelles.

> Coucou mams, je viens d'arriver. Et la famille a l'air top. Sehr schön. Très sympa.

> Ah, comme je suis contente. Tu n'oublieras pas de m'envoyer des photos.

> On arrive à la maison, maman, à plus ! [*émoji baiser x 3*]

Les Habel vivent dans une petite maison de ville en pierre sur deux étages. Sasha est immédiatement séduite par ce quartier à l'apparence calme, en plein cœur de Berlin.

Birgit la conduit au premier étage, dans sa chambre entièrement décorée en violet. Le lit, perché sur une sorte de podium, est recouvert d'une fausse fourrure de chèvre d'un blanc nacré qui fait ressortir les nuances des nombreux coussins : lilas, pourpre, mauve, aubergine, parme…

Sasha repère sur les murs des affiches qu'elle connaît bien. Elle aussi a celle de *Princesse Mononoké*, un de ses animés préférés.

– On est bien des filles de 2007 ! s'exclame Sasha, heureuse d'avoir des points communs avec sa correspondante. Birgit acquiesce, avant d'approcher son visage du sien. Très près.

– Tu as de très beaux yeux !

Elle glisse sa main sur sa taille et l'enlace joyeusement. Sasha se demande comment interpréter ce geste : sa correspondante la voit-elle comme une petite amie potentielle ? Elle aperçoit alors une photo de Birgit collée à côté de son lit, où elle prend la pose dans les bras d'un garçon.

Birgit se décolle d'elle et prend un air de conspiratrice. Effectuant un petit déhanché au milieu de la chambre, elle demande à Sasha si elle serait intéressée par une soirée. Mieux, une fête disco !

– Déjà ? s'étonne Sasha, rattrapée par ses angoisses.

– *Eine Willkommensparty*, une soirée de bienvenue !

CHAPITRE 12

SASHA 1 : Ça démarre fort. Avec les douze heures de bus, on va tous comater.

SASHA 2 : Pourvu que Daria et sa clique n'y soient pas.

SASHA 1 : Fais pas ta peureuse. Laisse-toi embarquer.

SASHA 2 : Et ce thème disco... Pfff...

SASHA 1 : Tu préfères les années 1990 ? Allez, ça va être super, tu verras.

Sasha accepte la proposition de Birgit, et elles passent ensuite la journée à rire et à se préparer. La jeune Allemande est une spécialiste du *nail art*. Elle lui vernit les ongles en bleu noir et dessine au pinceau de petites planètes dorées, une lune, des étoiles et les anneaux de Saturne. Elle-même recouvre ses ongles courts et carrés d'un vernis pailleté doré.

Puis, vers 19 heures, elles s'habillent et se maquillent. Birgit ouvre son dressing, en extirpe un débardeur en lamé or qu'elle tend à Sasha. Il est parfaitement assorti à sa paire de bottines. *Pourquoi pas ?* songe Sasha. En s'observant dans le miroir en pied, la disco Queen ne se reconnaît pas et en éprouve un immense soulagement.

Sasha 1 : On dirait que t'es passée de Marie Laurencin à Françoise Hardy.

Sasha 2 : Personne ne connaît Françoise Hardy, à part les petites vieilles comme toi.

Sasha 1 : T'es belle comme elle, c'est tout.

Elle prend un selfie et l'envoie à Bahia, qui lui répond aussitôt :

> T'es canon !!! Quelle métamorphose, tu déchires, Cendrillon !

La soirée a lieu dans un garage aménagé qui donne sur un jardin avec piscine encore en hivernage. Il y a un bar à friandises à l'entrée : brownie, cookies en tous genres, bonbons, un photobooth sur la mezzanine avec des accessoires des années 1970 : lunettes marguerites, turban en macramé, débardeur en crochet… et un grand coin cuisine avec un assortiment de mini croque-monsieur, hot-dogs, verrines de saumon ou de *Currywurst* accompagnées d'adorables petites frites à tremper dans la sauce. Sasha aperçoit aussi des pizzas grandes comme des roues de charrette sur la table du jardin. Une version remastérisée de *Still loving you*, des Scorpions, sort des enceintes.

CHAPITRE 12

Sasha se sent bien dans ce lieu, même si elle ne connaît personne. Personne sauf...

SASHA 1 : Tu as vu Daria et ses esclaves près du buffet ?

SASHA 2 : Avec son œil de chacal, ses cils enneigés et ses talons de 12 centimètres.

SASHA 1 : Prête à pécho le plus mignon de la soirée.

SASHA 2 : Ignore.

À cet instant, Birgit l'entraîne vers le salon. Elle lui présente son petit ami Niels, avec qui elle sort depuis un an. Ils se servent en boisson et prennent place sur un canapé en velours côtelé rose défraîchi alors qu'un couple vient tout juste de se lever pour aller danser.

Birgit gesticule sur *Dancing Queen* en adressant des clins d'œil complices à Sasha.

SASHA 1 : Elle a peur que tu te sentes seule.

SASHA 2 : Faudrait peut-être lui dire que t'as l'habitude.

Une petite secousse remue le canapé. Birgit et Niels sont en train de s'embrasser. Sasha plonge son regard dans sa bière pour se faire oublier. Mais Birgit s'écarte déjà de son copain et lui flanque un petit coup dans les côtes.

– Ooh, mais c'est Markus ! Le charmant Markus. Sasha, il te regarde, s'exclame Birgit en articulant bien pour se faire comprendre.

– Qui est Markus ? demande Niels.

– Il a un an de plus que nous. Toutes les filles veulent sortir avec lui. C'est pas le plus beau, mais le plus drôle. Et sympa.

Niels se renfrogne.

– À part toi, chouchou, évidemment, le rassure Birgit avec un sourire amusé. Je suis prise, mais toi, Sasha... Regarde...

Sasha tourne la tête vers la droite. Dans son champ de vision, il y a un garçon, grand et fin, les cheveux bouclés mi-longs, des yeux noirs en amande et la peau mate. Il porte un jean, une sorte de crop top à paillettes qui laisse voir son nombril et son ventre parfaitement musclé. Il a planté une paire de lunettes blanches sur son crâne et boit sa bière au goulot en riant de ses dents immaculées.

SASHA 1 : Birgit raconte n'importe quoi pour se débarrasser de toi et passer la soirée tranquille avec son mec. Il ne parle qu'à ses potes, ce Markus.

CHAPITRE 12

Mais au moment même où elle le fixe, il croise son regard et lève sa bière vers elle, comme pour trinquer. Sasha lui rend un sourire automatique, apeurée d'avoir suscité son intérêt et ouvert une porte vers l'inconnu.

Ça n'est que plus tard qu'elle le retrouve, dans le coin cuisine. Il est torse nu et passablement ivre. À ses côtés, Daria se trémousse d'un pied sur l'autre, fascinée, tout comme ses diaboliques servantes, par le beau garçon tatoué.

Sasha ignore ces crétines et se dirige vers les gigantesques pizzas. Elle va saisir une part quand Markus intercepte sa main.

– Je m'appelle Markus, et toi ?

– Sasha, répond-elle.

– Cool. J'adooore ta tenue. T'es super belle.

SASHA 1 : Il se fout de toi ou bien ?

SASHA 2 : Non, il est juste bourré.

– Et toi, elle est où ta tenue ? T'as perdu ton haut, on dirait, rit Sasha. Et ce ne sont pas mes fringues… c'est à Birgit, ma corres.

Le visage de Markus s'éclaire.

– Ah mais j'adooore Birgit ! T'es vraiment très belle, tu sais. Attends… Ça dépasse…

En la fixant dans les yeux, il effleure son menton, remonte sur sa joue, et glisse une mèche rebelle derrière son oreille. Le frôlement de ses doigts contre son lobe déclenche en elle une sorte d'extase. Tout son corps en frissonne.

SASHA 1 : T'emballe pas. Daria l'a embobiné.

SASHA 2 : Demain tu vas te retrouver sur les réseaux. Il est juste en train de se foutre de toi.

Daria, justement, s'avance vers eux, les narines palpitantes.

– Markus, mais qu'est-ce que tu fais ?

Elle bégaye en allemand, mêlant des mots de français et d'anglais dans sa phrase.

– C'est une blague ? Qu'est-ce que tu fais avec cette meuf ?

Elle se penche en avant et fait semblant de vomir. Zoé et Inès l'imitent sans tarder, ricanant. Markus laisse échapper un grand rire. Il pointe Daria du doigt.

– Mais qu'est-ce qu'elle raconte ?

Il se tourne ensuite vers Sasha avec un beau sourire.

– Elle… *Sie ist nicht deine Freundin !* Elle n'est pas ton amie.

CHAPITRE 12

Quand il rit, une lumière noire irradie de ses yeux en amande, et sa fossette, sur la joue droite, se creuse. Sasha l'observe, en riant elle aussi.

Cela la frappe : depuis combien de temps – hormis avec Bahia – n'a-t-elle pas ri comme ça ? Elle a ricané, gloussé, mais pas ri. Et ce rire franc déclenche un feu dans toutes les fibres de son corps.

Quelque chose est en train d'éclore, là, sous ses yeux.

Quelque chose qui s'appelle peut-être la revanche du ciel.

Daria est là, tout près, sourcils froncés. Sans doute tente-t-elle de comprendre pourquoi sa victime parvient à s'échapper ainsi.

– C'est ma sœur, dit Sasha en élevant la voix. Ma jumelle maléfique. Celle qui crache des crapauds, dans les contes !

Daria écarquille les yeux, tétanisée par cette complicité soudaine entre Markus et sa pire ennemie. Par ce mot « crapaud » qu'elle vient d'entendre. Zoé, au loin, laisse échapper un cri.

– Et toi ? demande Markus à Sasha. *Spuckst du Rubine* ? Tu craches des rubis, c'est ça ?

Il approche son visage du sien. Ses yeux noirs graves et pétillants à la fois se plantent dans le bleu de ses yeux, mais il ne l'embrasse pas. Il attrape sa main et l'attire à lui.

– J'ai envie de prendre l'air, j'ai vraiment trop bu. Tu veux venir avec moi ?

Tandis qu'ils se dirigent vers la porte, une ola magnifique retentit. Tout le monde semble avoir suivi la scène et s'être rangé du côté de Sasha. Elle en éprouve une joie étrange.

Soudain, elle sent quelque chose frôler sa hanche. C'est un nacho. Daria lui a jeté un nacho. Sasha éclate de rire et crie :

– Queen Nacho fait son drama !

Ce qui déclenche l'hilarité générale.

C'est si facile, d'être la reine d'un soir. Elle a changé de camp.

Dehors, l'air frais la dessaoule. Autour de la piscine, un petit groupe assis en cercle se passe un joint. D'autres pratiquent la soufflette. Sasha a un mouvement de recul. Est-ce qu'il va l'entraîner là-bas ? Markus comprend immédiatement et la rassure :

– Je ne touche pas à ça, moi.

SASHA 1 : Un mec bien.

SASHA 2 : Méfiance tout de même.

CHAPITRE 12

– Écoute Markus, lui dit-elle. Je ne sais pas si je te plais parce que tu as trop bu, mais tu m'as fait du bien ce soir. Tu ne peux pas savoir à quel point. J'ai eu tellement de... de problèmes ces derniers temps. Alors merci.

Markus éclate de rire.

– Mais je ne me sacrifie pas. Regarde-toi ! Tu es jolie et tu me plais, c'est tout. Alors oui, je suis bourré, mais même bourré, je sais reconnaître une fille qui me plaît.

Il la regarde et ajoute en français :

– Je suis un homme de goût.

– Tu parles français ? s'étonne Sasha.

– Ma mère est prof de français. Alors ouais, je suis ce genre de mec qui connaît des expressions françaises.

Il est 2 heures quand Birgit et Sasha rentrent, à pied, à la maison.

– Demain, on se lève à 6 heures 50, annonce Birgit. Ça va être dur.

Elle se montre ensuite particulièrement silencieuse pendant le trajet. Silencieuse et grave. Sasha se demande si elle n'a pas fait une gaffe en se rapprochant de Markus. Elle s'est fait remarquer, dès le premier soir. Elle ressent un certain malaise, mais sans doute Birgit est-elle tout simplement fatiguée.

– Quatre heures de sommeil, ça va être dur, répète Birgit.

Sasha lui adresse un petit salut avant d'entrer dans sa chambre et de se brosser les dents au petit lavabo. En démaquillant ses cils rehaussés de mascara et ses joues parsemées de paillettes, elle se demande si tout cela n'était pas qu'une parenthèse enchantée. Avec Markus, c'était comme s'ils se connaissaient depuis toujours. Ils ont échangé leurs numéros de téléphone et se sont dit à demain. Sasha avait alors le cœur léger, les mains encore tièdes d'avoir tenu celles de Markus. Et, peut-être, effleuré son cœur.

Désormais, elle redoute le gong. Après tout, Bahia l'a appelée Cendrillon. Demain, tout va redevenir comme avant. Quand elle se couche pour la première fois dans ce lit étranger, elle est prise d'une tonne de doutes.

SASHA 1 : Comment va-t-il me trouver, quand je ne serai plus en paillettes, mais en loseuse ?

SASHA 2 : Et lui, le charme sera-t-il rompu quand il sera habillé en jean et T-shirt ?

SASHA 1 : Non, mais moi, j'étais maquillée, sublimée de partout, je vais redevenir la minable. Celle qui pue de l'intérieur, avec qui on n'a surtout pas envie de sortir.

SASHA 2 : Je rêve ou tu pleures ? Tu chiales après cette soirée ? Tu ne peux pas profiter UN JOUR DANS TA VIE. C'est INSUPPORTABLE.

SASHA 1 : ... T'as raison.

SASHA 2 : Parfait. Alors maintenant, tu fermes tout. Tes yeux, tes doutes, ta sale caboche et on dort. Sinon, bonjour les cernes au réveil demain.

Ding.

SASHA 1 : Il vient de m'envoyer un SMS !

SASHA 2 : Verdict ? Il regrette ?

SASHA 1 : « *Du bist heiß.* » Traduction : Tu es canon.

SASHA 2 : Ha ha. Sans commentaire.

Chapitre 13

Dans la chambre, 12 mars 2024

C'est aujourd'hui. Today. *Maintenant.*
Tu vas le faire.
Tu vas pousser la porte.

Dans la chambre, Sasha fait les cent, mille, deux mille pas. Palpitations, cœur en folie, elle avance, file, accélère, comme pour une marche rapide, le long de son lit, autour du vélo d'appartement, en direction de la salle de bains, demi-tour et elle recommence. Elle déambule en zigzag, téléphone calé contre son ventre dans la poche avant de son sweat.

Ding ding ding ding.

Les notifications tombent comme des mouches. C'est jour de sortie pour les neuf membres de Porte H. Depuis ce matin, ça n'est qu'envolée de cœurs, poings levés, doigts croisés, pouces en l'air, biceps gonflés et autres émojis de combat. Ils se motivent et chacun espère autant sa propre réussite que celle des autres.

PRISONNIÈRE : Ils essaient de gratter la joie, ça fait trop pitié.

GARDIENNE : Si tu prenais les choses au premier degré, pour une fois ?

PRISONNIÈRE : Ils sont tellement pathétiques.

GARDIENNE : Ils ont peur. Tu n'as pas compris ? Alors vas-y, balance tes émojis au 36e degré : fantôme, petit caca, diable violet à cornes, PQ, côte de bœuf, brocoli. J'en ris d'avance.

PRISONNIÈRE : T'es con. J'ai si mauvais fond ?

GARDIENNE : Un mauvais fond sans fond.

Sasha file vers la salle de bains, ouvre le robinet, s'asperge d'eau glacée, ses joues reprennent une couleur rose. Ses yeux sont écarquillés, ses genoux tremblent. Elle s'observe dans le miroir. Ce regard de démente, ces cheveux emmêlés comme un nid d'oiseau. Est-ce qu'elle a changé ? Et ses parents ? Ils ont peut-être vieilli ? Et Elsa ? À travers la porte, l'autre jour, elle a entendu un zozotement tout neuf. Elle a sans doute perdu une ou deux dents de lait. Sa mère lui a écrit qu'elle s'était fait couper les cheveux aux épaules.

Sasha contemple son reflet avec une nouvelle distance, une nouvelle pureté, comme si elle se redécouvrait à travers le regard des autres. Dans sa chambre, il y a des yeux en pagaille, ils se cachent partout, dans les rainures du parquet, sous le lit, ils s'infiltrent sous la porte. L'espace est rempli de regards.

Sur WhatsApp, Lila a posté une photo prise devant le miroir du hall de son immeuble. Sanglée dans sa capuche bordeaux resserrée sous le menton, elle est amarrée à son téléphone comme à la barre du métro.

> **Hadrien**
> Lila, mets les écouteurs. Je te guide jusqu'au bar, t'auras qu'à écouter ma voix. On passe en privé.

PRISONNIÈRE : C'est moi ou il est vraiment insupportable ?

GARDIENNE : Il est juste hyper sûr de lui. Cherche pas, tu connais pas.

Le fait de savoir Lila sous les projecteurs la décide. Elle va sortir seule, sans filet, sans promesse. Sans susciter d'espoir ou d'élan.

Gardienne : Arrache-toi. Si tu réfléchis, c'est cuit

Prisonnière : Ces mots... On dirait le pater. *You doubt you lose*, tu te souviens ? Cette petite phrase qu'il serine à longueur de temps.

Gardienne : Là-dessus, il n'a pas tort. Faut claquer le doute comme un moustique. *SHLAK* du plat de la main !

Prisonnière : J'ai peur.

Gardienne : Doute ? Effroi ? *Shlak!* Pense au moustique.

Prisonnière : Laisse-moi parler, bon sang. Je ne supporte plus le bruit des pas, l'odeur des autres, les lèvres qui bougent, et même le bord crénelé des dents. En dix mois de silence, c'est fou comme le monde est devenu bruyant. Tout ce que je vois, tout ce que je touche fait bouger mes plaques tectoniques. Ces regards qui pèsent une tonne, ces rires, coupants comme du métal. Et selon toi je pourrais claquer tout ça ?

Gardienne : Attends-toi juste à être surprise. Tu vas sentir de l'air sur ta peau, tu seras peut-être emportée comme un fétu de paille, mais tu ne vas pas t'envoler. Il est 23 heures 30, nuit noire, c'est l'idéal. Personne ne te verra, tu ne verras personne. In-vi-sible !

CHAPITRE 13

S'habiller avec le sweat à capuche gris souris, lacer ses Doc, enfiler ses gants. Téléphone, check. Écouteurs, check. Petit calmant dans la poche droite de son jean, fleurs de Bach « Joie de vivre » à l'arrière. Remplir une gourde dans la cuisine... Non... Trop risqué. Elle pourrait faire du bruit ou même croiser son père. Son cœur s'affole. Ce serait un cauchemar. Elle retourne dans la salle de bains, vide la petite fiole d'eau démaquillante, la rince, et la remplit d'un jet glacé suffisant pour avaler son cachet si besoin. Elle éteint la lumière.

PRISONNIÈRE : Ça y est, mes genoux se dérobent.

GARDIENNE : N'écoute pas ta peur, pense à l'Italie, à la stracciatella, à l'odeur des amandiers, pense à la cabane des amis, avec le canapé. Ouvre la porte, là, tout de suite, respire.

Comme une somnambule, sa main moite se pose sur la poignée glacée. Ses doigts dérapent. Elle les frotte sur sa cuisse. Recommence. *Clac*. Elle ouvre sa porte en grand.

Ce qu'elle sent en premier, c'est le froid. Un petit courant d'air glacial.

Tais-toi, mon cœur.

Elle pose le pied sur la première marche de l'escalier, reprend son souffle. Elle se suspend à la rampe pour s'alléger, voler au-dessus des marches. Ne pas les faire grincer.

Elle est comme une braqueuse, sous sa capuche, une faucheuse d'espace, de millimètres ; une voleuse de son propre passé.

Sasha est au pied de l'escalier. Son cœur menace d'exploser. De sa vie, elle n'a jamais tremblé comme cela, de tout son corps, de toute son âme. Une sorte de danse de squelette, comme on voit dans les dessins animés. Castagnettes d'os qui s'entrechoquent. Comme une araignée, elle arpente le sol froid du bout de ses pattes.

La maison est immense. Noire. Silencieuse. Puante. Poisson frit à l'huile d'olive, pâtes au beurre, cannelle, tabac froid, tout ça mélangé. L'odeur de la famille moyenne. Nausée, apnée. Elle doit sortir.

La clé est dans la serrure, comme tous les soirs. Un tour, deux tours. Elle hésite, chancelle. Elle va quitter sa maison, son univers millimétré, familier comme un nid tissé depuis dix mois, dont elle connaît la moindre plume, la moindre brindille. Elle va quitter le ventre de la baleine pour un dehors inquiétant, froid, rempli de pièges. Petit animal apeuré, elle se dirige tout droit vers un terrain de chasse.

Allez. Penser à autre chose. Oui : au retour, elle fouinera dans le placard, elle récupérera du chocolat, des Maltesers, des cookies, un truc pour se féliciter. Et ensuite, elle sera si bien, allongée sur son lit, à lire les messages de tous les autres, avec son orgie de sucre.

Ding. Hadrien. Évidemment. The boss. Le super-flic qui checke les allées et venues de ses petits pions hikis.

> Hey, vous tous, on en est où ? Petrus ? Ah tu es déjà là ? Avec Pierrick ? Photo, Petrus, photo ! Et toi, Tim ? Ah, désolé, bon, on passe en privé.

Sasha glisse son téléphone dans sa poche arrière. Qu'est-ce qu'elle fait sur ce groupe ? Manifestement, elle ne leur arrive pas à la cheville. Une bouffée de colère monte en elle, qui avale sa peur tout rond. Ils verront bien qu'elle aussi peut y arriver.

Elle tourne la poignée, elle est dehors. Elle serre la clé dans son poing. Elle compte ses pas, à rebours, technique infaillible pour se concentrer. 100, 99, 98, 97. Elle parle tout haut. Un homme, la trentaine, barbu, baskets, sifflote et lui sourit quand ils se croisent. Elle perd le fil. Elle en était où ? Elle reprend, n'importe où, à 90, tiens. Mais elle n'est plus concentrée, ce salaud a coupé son fil de funambule.

Elle saute de deux en deux, remonte, fait n'importe quoi. Elle devait tenir le fil. À 63, elle suffoque.

Une tornade la plie en deux. Elle se fige, le visage dans les mains, le corps secoué de tremblements.

Elle croise un couple enlacé. La fille, la vingtaine, la regarde, prononce quelque chose comme « Eh, tu crois qu'elle va bien ? », le mec tourne la tête puis murmure quelque chose à son oreille. Ils parlent d'elle, pensent qu'elle est une alien venue d'ailleurs.

Je suis perdue, j'ai lâché le fil.

La nuit est compacte, elle pourrait en faire des boules de neige noire. La nuit entre dans sa gorge comme une pluie de flocons. Elle ne peut plus respirer. Elle ne peut plus avancer du tout. Ses genoux s'entrechoquent. Elle a envie d'appeler au secours, mais elle n'a plus de souffle.

Elle est trop conne.

Accroupie, elle se berce dans ses propres bras. Elle voudrait pleurer, mais les larmes se sont taries. Elle masse sa gorge pour tenter de chasser le baobab qui l'étouffe. Loin de reculer, ce dernier étire son tronc, l'oppresse encore un peu plus.

Pourquoi fait-il soudain si froid ?

CHAPITRE 13

Des pas s'approchent, *clac clac*, petits talons sur la chaussée. Une femme s'arrête à sa hauteur.

– Madame ? Pardon, mademoiselle, avez-vous besoin d'aide ?

Elle secoue la tête : non, non. Ne me parlez pas, vous allez me tuer. Aucun son ne sort, mais la dame semble comprendre et s'éloigne.

Les mains tremblantes, elle attrape son téléphone. Dans ses yeux, des larmes brûlantes affleurent. Elle peine à trouver le numéro.

Enfin. Ça sonne. On décroche.

– Je suis dehors. J'ai froid, je vais mourir. Je crois que je gèle sur place.

– Sasha ? C'est toi, Sasha ? Je suis là, répond la voix apaisante de Manon Roger. Respire, respire. Détends tes muscles. Tu m'entends ?

– Je veux rentrer à la maison. Je suis perdue. Je ne reconnais plus mon chemin.

Les larmes noient son visage à présent, son corps est parcouru de spasmes. Elle se remet à marcher, comme pour se fuir.

– C'est de votre faute. Hermès, ce connard. J'étais pas prête.

– Calme-toi. Respire. Tu as quelque chose de sucré sur toi ? Du chocolat ?

– Non.

– Ne cours pas. Surtout, ne cours pas. Ralentis. C'est contre-intuitif, mais il faut ralentir.

– Mais j'ai tellement peur. Je veux rentrer.

– Assieds-toi. Et respire.

– Je peux pas.

– Si. Tu peux. Inspire pendant 4 secondes, bloque pendant 4 secondes, expire doucement, comme avec une paille, pendant 8 secondes. Recommence. Tu m'entends ?

Sasha raccroche, se laisse tomber par terre, sur le trottoir, pliée en deux. Elle va mourir là, d'asphyxie. Comme les plongeurs mal entraînés qui remontent trop vite. Mais pourquoi, merde n'a-t-elle pas fait gaffe aux paliers ? Elle aurait dû y penser. Les accidents de décompression. Les bulles d'azote qui viennent obstruer les vaisseaux sanguins.

Elle envoie en privé :

> Hadrien, je suis remontée trop vite. Tu aurais dû me prévenir.

Ding ding ding.

Une série de messages arrive sur son téléphone. Quatre ont réussi. Ils sont au café, comme si de rien n'était. Le pire, c'est qu'elle les a crus. Elle a cru toute cette bande de déglingos de Porte H. Ils sont ridicules, à s'envoyer des fleurs parce qu'ils ont réussi à sortir de chez eux ! Ça fait trop pitié. C'est fini, elle ne sortira plus. Ils se balancent des bras levés, des signes de la victoire, c'est des gamins. Elle est une vieillarde esquintée par la mort d'un proche. Elle n'a rien à voir avec eux, elle va quitter ce groupe qui ne fait que l'enfermer.

Ça y est, elle est devant la maison. Elle ne sait pas trop comment elle a fait, mais elle est revenue sur ses pas. Elle sent la chaleur revenir dans sa gorge. Elle n'est pas morte. Elle parvient enfin à glisser la clé dans la serrure, à tourner vers la gauche. Tant pis pour le bruit. Tant pis pour le chocolat de la cuisine. Ce qu'elle veut, c'est retrouver sa chambre.

Elle se précipite à l'étage sans prendre garde au grincement des marches, mais sa porte est ouverte. *PUTAIN, ma porte est ouverte !* Arrivée en haut de l'escalier, elle croise un regard, celui, affolé, d'Elsa. Sa sœur porte Mochi dans ses bras. La petite s'immobilise, pâle, comme si elle avait croisé un fantôme. De surprise, elle laisse échapper Mochi, qui détale dans l'escalier.

– Mochi ! Mochi !

– Chuuut, chuuut, fait Sasha. Tais-toi. Tais-toi, Elsa, tu vas les réveiller. Laisse-moi rentrer chez moi.

Elsa fait un pas sur le côté pour laisser à Sasha la possibilité de regagner sa chambre. Elle se met à chuchoter :

– Sasha, je voulais Mochi. Il est à moi, tu sais ? Je l'ai eu en première. Alors il me manque trop... Tu veux bien que je le prenne un peu, dis, Sasha, ma sœur ?

Elle s'interrompt et lève ses grands yeux humides vers Sasha.

– Sasha, tu es guérie ? Si tu es sortie, ça veut dire que tu es guérie et que tu pourras revenir à l'école ? Papa sera drôlement content.

Sasha a envie de répondre, de parler à sa sœur. Cela fait si longtemps. Mais avant, elle doit récupérer. Les mots se libèrent dans sa gorge, cependant elle n'a plus de souffle. Elle voudrait rassurer Elsa. Lui proposer de fabriquer une maison en Kapla, de faire son puzzle préféré, de regarder pour la millième fois *La Reine des neiges*. Mais elle ne tiendra pas, elle n'a plus aucune énergie. Elle voudrait simplement le chat.

Elle ne sait plus à qui appartient ce chat, s'il est à elle ou à Elsa, ou bien à elles deux. Elle veut juste s'installer dans son nid, réintégrer sa peau, ce qui est indissociable d'elle et qui la définit tout entière depuis huit mois : sa chambre.

CHAPITRE 13

Elle sait qu'elle ne peut pas la quitter. Que fuir sa chambre, c'est comme se livrer à la barbarie du monde. Que ce petit saut à l'extérieur, là, c'était une tentative avortée, juste pour s'apercevoir qu'elle ne peut pas aller plus loin.

Elsa ne bouge toujours pas.

– On s'écrira ? Tu m'écriras ? Tu m'enverras des lettres ? souffle-t-elle.

Sasha hoche la tête. Elle fait « chut » avec son doigt devant la bouche. Elle voudrait attraper sa petite sœur, la chatouiller, la faire rire aux éclats, la câliner. Elle rêve de le faire. Mais elle ne peut pas. Elle a peur d'exploser, de se dissoudre. Elle se contente d'envoyer un baiser à Elsa avant de se précipiter à l'intérieur. Au moment de refermer la porte, Sasha essaie de lancer un sourire à la fillette qui continue à l'observer depuis le palier. Ses grands yeux noirs expriment la panique, la douleur de se sentir rejetée. Sasha ne sait plus être rassurante. Elle a oublié comment prendre soin d'une sœur.

Elle a juste envie de retrouver son odeur, son oxygène. Elle referme la porte doucement, se plaque contre la cloison et attend que les battements de son cœur s'espacent. Puis elle murmure :

– Elsa... Elsa ? Elsa, réponds-moi. J'étais si mal tout à l'heure, ça va mieux.

Elle patiente, mais la petite est repartie se coucher. Elle arrache une feuille de son cahier de dessin. Ses mains tremblent encore, à peine. En quelques traits, elle parvient à dessiner Mochi. Elle écrit : « Elsa, peux-tu me rendre Mochi, s'il te plaît ? » Et glisse la feuille sous la porte.

Elle serre fort Poolpy dans ses bras. Allongée sur son lit, elle reprend son souffle. Elle a l'impression d'avoir escaladé l'Everest.

Ding. Message d'Hadrien, en privé :

Sasha, c'est génial ce que tu as fait. C'est un grand pas.

Sasha

Tu es fatigant, tu sais, à être positif
à ce point, tout le temps. Ça m'épuise. Non, ça n'est pas un grand pas, j'ai marché cinquante mètres. Ou cent. Je ne peux plus respirer dehors, tu comprends ? Je gèle sur place, comme si cette fucking planète n'avait plus d'oxygène. Je rectifie : comme si mon oxygène à moi n'était plus adapté… Alors ton groupe, ta Porte H, tu vois, Hadrien, ça m'enfonce la tête dans le sable.

CHAPITRE 13

Hadrien
Tu sais comment quitter un groupe ? Faut que t'ailles dans les réglages. Tu peux même tous nous bloquer, tu sais. Et tu disparais.

Sasha
Bien sûr que je sais. J'ai passé mon temps à quitter les groupes.

Deux larmes ruissellent sur le téléphone. Elle saisit son poignet droit pour stopper le tremblement.

Hadrien
Je connais ton mal-être. Ne me demande pas comment. Je sais. Alors ne pars pas. Tu es en bonne voie, crois-moi. Aujourd'hui, Lila est sortie. Après la treizième tentative. TREIZE. Tu sais depuis combien de temps elle était enfermée, chez elle ?

Sasha attend quelques secondes et écarquille les yeux quand la réponse lui parvient.

Quatre ans.

Chapitre 14

Berlin, 11 avril 2023

Le lendemain de la fête, Birgit surgit à 6 heures 50 dans la chambre de Sasha, comme convenu. Elle arbore son éternel sourire bagué, et ses mèches bicolores sont déjà relevées en un chignon coiffé décoiffé qui ressemble à une sorte de grosse pelote de laine.

Sasha se redresse sur ses coudes, groggy. Elle a sommeillé une heure trente en tout et pour tout, partagée entre excitation, peur et douceur. C'est comme si son corps s'était réveillé, comme si chacun de ses organes, chacune de ses cellules vibrait d'une chaleur inconnue et puissante.

SASHA 1 : Tu sais, la barbe à papa ?

SASHA 2 : T'as raison, j'ai de la barbe à papa dans le cœur.

SASHA 1 : Ça chatouille.

Elle enfile sa marinière, ses Doc, brosse ses dents et prend le temps de se maquiller légèrement les yeux. Pas question de retomber dans la lose une fois les douze coups de minuit passés.

Les deux correspondantes quittent la maison des Habel à 7 heures 30 pour attraper le bus de 7 heures 40 au carrefour. Ce n'est qu'à l'approche du gymnase que l'anxiété recommence à mordre le ventre de Sasha.

C'est sa toute première journée au lycée de Birgit. Et, à mesure qu'elles approchent, son sentiment de sécurité s'effrite. Toutes les rentrées du monde sont pour elle entachées de noirceur. Après la magie de la fête, elle réalise qu'elle se retrouve là, en pleine lumière, dans un pays étranger, au bras d'une quasi-inconnue, jetée dans la fosse aux lions. Ça ne peut pas être pire.

Birgit le comprend peut-être et lui saisit le bras quand elles franchissent le portail.

– Tu déjeunes avec Markus ?

– On verra bien, répond Sasha en haussant les épaules.

Elle camoufle son manque de confiance en elle et affiche un sourire qui se veut tranquille.

Markus est dans la classe supérieure, il n'aura donc aucun mal à l'ignorer s'il le souhaite.

CHAPITRE 14

À 11 heures 20, en plein cours d'histoire, la poche de sa doudoune émet une discrète vibration. Elle la dézippe discrètement, millimètre après millimètre, pour en extraire son téléphone. Quand le professeur a le dos tourné, elle jette un œil à l'écran.

Markus lui propose de déjeuner dans un parc. Son message débute par «*Meine Liebe*», «mon cœur». Il l'emmènera en scooter, il a un casque pour elle.

Sasha a un sourire irrépressible, qu'elle tente de dissimuler derrière sa main droite.

– C'est lui ? chuchote Birgit. C'est Markus ?

– Hmm hmm, répond Sasha d'un ton faussement désinvolte.

Birgit serre la main de son amie sous la table. Ainsi, la parenthèse que Sasha avait imaginée aussi brève que la queue d'une comète allait peut-être durer un peu plus longtemps. C'est comme si elle avait quitté sa vieille peau d'Âne et qu'apparaissait dessous la vraie Sasha, en robe couleur de lune, celle qui pouvait être aimée. Désirée.

Le scooter démarre et elle quitte le lycée, accrochée à la taille de Markus, qui les conduit vers leur premier rendez-vous.

Ils s'installent au soleil et parlent de tout et de rien, pendant près d'une heure, au point qu'il leur faut engloutir leur repas à toute vitesse avant de rejoindre les autres. Markus aide Sasha à enfiler son casque, effleurant son cou du bout des doigts.

Elle l'a espéré mais il ne se penche pas pour l'embrasser, il prend son temps. Ça lui va bien aussi.

L'après-midi, leurs classes de seconde et de première doivent visiter le Mémorial aux Juifs assassinés d'Europe, avec son sinistre champ de 2 711 stèles de béton.

L'enseignante donne ses explications devant les 54 élèves :

– Le champ compte 19 073 mètres carrés, précisément. Les stèles sont de taille et de largeur différentes. Cela produit une atmosphère de malaise, un peu comme les baraquements du camp de Ravensbrück, à 80 km au nord de Berlin.

Elle écarte les bras pour désigner leur environnement.

– Vous voyez, ces couloirs étroits… On peut s'y retrouver ou s'y perdre. Ce labyrinthe, c'est un peu nos destinées individuelles, mais cela figure aussi la solitude. Ou les mauvaises rencontres.

Une voix à l'oreille de Sasha détourne son attention.

– Tu viens ? *Kommst du ?*

CHAPITRE 14

Markus s'éloigne en lui faisant signe de le suivre. Elle quitte le groupe à reculons, l'air de rien, mais ses joues se réchauffent et son cœur est sur le point d'exploser. Inès lui envoie un regard à la fois méprisant et envieux.

Markus s'est caché derrière l'une des grandes stèles et tire Sasha par la main. Tandis que le groupe se remet en marche, Markus attrape son visage, la regarde longuement dans les yeux et l'embrasse. *C'est doux comme de la soie humide*, pense alors Sasha, dont la tête s'est mise à tourner un peu.

Quand leurs langues se frôlent et qu'un frisson de plaisir vient se loger dans son ventre, Sasha songe, à cet instant, qu'elle n'est pas morte. Elle revit, littéralement. Markus est venu la chercher dans son coma, son enfer, pour la rendre à la vie.

Ils s'embrassent encore, avant de rejoindre leurs camarades.

Depuis l'accident, Sasha repense souvent à ce baiser insolite entre les tombes.

Au lycée, le lendemain matin, il y a eu des ricanements, des petites réflexions dans les couloirs, du côté de Daria et ses suiveurs. Mais Sasha s'en moque. Tout cela ne l'érafle même plus. C'est comme un bruit de fond désagréable, un petit vent glacial, une musique discordante qui lui tient compagnie quand Markus n'est pas là.

– Elle lui a mis le grappin dessus.

– Il est vraiment pas dégoûté.

– La Creepy doit assurer au lit, je vois que ça.

– Ah, mais arrête, beurk. Je viens de visualiser une scène glauquissime

– Moi je crois plutôt qu'elle a organisé une messe noire. Avec une poupée vaudoue, des aiguilles, du sang d'animal et des incantations.

– C'est une sorcière, cette fille.

Birgit n'a pas tout compris. Sasha tente de traduire et sa correspondante ouvre grand les yeux. Elle secoue la tête d'un air fâché.

À la fin de la matinée de cours, Sasha sent sa confiance s'effriter sous le coup de butoir de toutes ces petites phrases. Qu'importe, elle la récupérera l'après-midi et le soir. Finalement, tous les couloirs de tous les lycées du monde se ressemblent. Seul l'amour peut changer la donne.

Après les cours et les nouvelles visites, les soirées ont lieu dans des cafés en ville ou dans la maison de l'un ou l'autre des correspondants allemands quand il y a des fêtes. C'est là, à Berlin, que Sasha vit sa meilleure vie. C'est ce qu'elle répond à sa mère quand celle-ci lui passe un coup de fil au bout du troisième jour.

– Alors, comment ça se passe, ma chérie ?

– Super ! J'adore l'Allemagne, et même les *Currywurst*, tu sais : les saucisses au curry avec de la tomate, des oignons et de la moutarde. Oui, je sais, ça a l'air dégueu comme ça, mais c'est hyper bon ! J'en ai acheté hier, sous vide, pour en rapporter.

Sa mère laisse passer un silence.

– Et… les amis, ça va ? Ta corres Birgit, toujours aussi gentille ?

– Oh, je traîne surtout avec un copain, Markus, répond Sasha en prenant un air désinvolte. Il est très cool.

SASHA 1 : Oui, et très mignon

SASHA 2 : Et musclé comme il faut.

Sasha comprend à sa voix soudain assourdie que sa mère raconte en direct leur échange à son père : « Ça se passe très bien, il y a un Markus dans l'histoire. »

– Eh maman, j'entends tout, franchement, la discrétion…

– Pardon ma chérie… Ah, mais j'adore ce prénom : Markus. Je suis heureuse pour toi, bichette.

Sasha râle, mais en réalité, l'indiscrétion de sa mère redouble son bonheur. Après tout, ses parents ont droit de voir à quoi ressemble la Sasha en Majesté.

Elle entend la voix de son père au loin, qui pousse des exclamations d'encouragement à sa championne.

– Papa se joint à moi pour t'embrasser, reprend sa mère quand la cacophonie est passée. Et tu sais ce qu'il te dit ? D'oublier tes camarades pendant ces quinze jours. Essaie de ne parler qu'en allemand. Un vrai bain de langue. Tu connais ton père, hein ?

SASHA 1 : Comique, le paternel, ha ha. Il est vraiment à l'ouest.

SASHA 2 : S'il savait comme je n'ai aucun mal à les oublier, mes « camarades ».

SASHA 1 : Quant au bain de langue…

SASHA 2 : Pas de commentaire.

Avec Markus, elle se rend au Reichstag, aux Puces, de nouveau au Mémorial, où les visages des déportés assassinés se succèdent sur le tableau blanc.

Ils se serrent la main très fort devant les rouleaux de tissu jaune au motif de la sinistre étoile avec l'inscription « *Jude* », « juif », exposés dans une vitrine du Musée juif de Berlin.

CHAPITRE 14

Ils s'embrassent dans l'East Side Gallery, devant le baiser de Erich Honecker et Léonid Brejnev.

D'autres couples franco-allemands se sont formés parmi les lycéens, mais aucun ne semble aussi fusionnel que celui de Sasha et Markus. Ils aiment tous les deux Scorpions, Patti Smith, mais aussi le pianiste français Sofiane Pamart, que Markus a fait découvrir à Sasha en lui glissant un écouteur dans l'oreille, un soir, tout en haut de la tour Fernsehturm.

C'était le morceau intitulé *Berlin*, justement. Et la douceur de la mélodie avait emporté Sasha. Le soleil se couchait sur la Sprée, la rivière qui traverse Berlin, et là-haut, avec la ville à leurs pieds, l'adolescente s'était mise à pleurer. Elle avait été envahie par quelque chose d'énorme, qui allait déborder, là, tout de suite. Markus l'avait étreinte avant que leur professeure ne vienne leur faire la leçon :

– Ça suffit comme ça, restez discrets. Vous n'êtes pas seuls au monde, on vous regarde. Quelques élèves se sont plaints de votre comportement trop... exhibitionniste.

Tous deux avaient gloussé sous cape, tandis que l'enseignante s'éloignait pour réprimander d'autres élèves.

– Je crois qu'il est là, avait murmuré Markus. L'écureuil.

– Ça va ? C'est l'altitude qui te fait délirer ?

– Ne me dis pas que tu ne le sens pas… Tu sais, l'écureuil qui tressaute en toi. Il arrive quand on tombe amoureux, avait-il ajouté avec un clin d'œil.

– Ah, nous on dit « avoir des papillons dans le ventre ».

– C'est mignon. Mais ce que je sens, c'est plutôt un écureuil. Et je pense… que les nôtres sont jumeaux.

Markus a les mots qu'il faut. C'est lui, le premier, qui lui a parlé de l'*inyeon*, dans sa chambre après les cours.

– C'est coréen, explique-t-il. L'*inyeon*, c'est quand deux âmes se frôlent dans la rue, se reconnaissent et ne se quittent plus. Je crois que ça veut dire en gros, les âmes jumelles, les flammes jumelles. Bref, les gens qui devaient se rencontrer et s'aimer.

– *Inyeon* ? Et comment tu t'en aperçois ? demande Sasha.

– C'est l'impression qu'on s'est connus il y a très longtemps. On est très attirés l'un vers l'autre, pas uniquement physiquement. Ce sont nos âmes qui se cherchent. Et quand on est ensemble, on se sent entier. Tu vois ? C'est un peu comme l'androgyne de Platon. Tu sais, d'après lui, au départ on avait quatre jambes, quatre bras, deux têtes… Et on nous a coupés en deux. *Tchac*. Du coup, gros flip, grosse déprime, solitude, tout ça... parce qu'il nous manque la moitié de nous. Et quand on est amoureux, on se retrouve au complet.

– En français, on dit « âmes sœurs ». Tu crois que c'est la même chose ?

Markus attire Sasha contre lui, passe ses doigts dans ses cheveux. Il glisse ses mains sous ses fesses et la soulève du sol. Elle entoure ses épaules de ses bras et dépose un rapide baiser sur ses lèvres.

– Ce que je ressens pour toi, c'est pas ce que je ressens pour ma sœur, chuchote Markus d'une voix rauque.

Ce soir-là, le soir de l'*inyeon*, ils font l'amour pour la première fois.

Tous les matins, Markus vient chercher Sasha au grand carrefour de l'arrêt de bus. Elle se juche à l'arrière du scooter, enfile le casque que Markus lui tend, place ses mains sous son blouson et pense à la crise de fureur de ses parents, s'ils savaient. Surtout son père. Mais Markus est très prudent, et Sasha savoure cet interdit vrombissant, transportée dans une romance à l'allemande. C'est aussi sur son scooter que Markus l'emmène le samedi après-midi dans la forêt de Grunewald, remplie de pins et de fougères sauvages. L'air est frais et embaume la noisette. Ils marchent pendant deux heures en écoutant l'hypnotique Philip Glass sur la petite enceinte portative de Markus, s'assoient sur le tronc d'un bouleau pour pique-niquer. Sasha demande à une jeune femme de les prendre en photo, et elle l'envoie à Bahia.

Le soir, elle appelle sa meilleure amie.

– Je vis ma *deutsche romanz*, Babou. Pas sûre qu'on dise « romanz », mais toi qui fais de l'espagnol, tu comprends.

– Ma puuuuce. J'en reviens pas, il est si beau sur la photo que tu m'as envoyée !

– Merci, répond Sasha. La loseuse ne pouvait se payer qu'un moche, c'est ça ?

– C'est pas ce que je voulais dire. Puce prend la mouche, ha ha !

– T'inquiète, je suis trop heureuse en ce moment pour être susceptible. Je voudrais que ce voyage ne se termine jamais. Il ne reste plus qu'une semaine…

– Tu le mérites, profite jusqu'au bout. Prends plein de photos. Mais fais gaffe en scooter. C'est super casse-gueule. Je ne veux pas te perdre, moi.

– Une vraie daronne.

– Appelle-moi Mams, bichette !

CHAPITRE 14

– Je suis tellement pressée de te voir. Tu connais l'*inyeon* ? Tu sais ce que ça veut dire ? En Corée ils pensent qu'il y a deux flammes jumelles, tu sais, les âmes qui devaient se rencontrer.

Bahia éclate de rire.

– Meuf, c'est *so romantic* ! Il t'a dit ça ? J'adore ! Je connaissais les demi-hommes de Platon. Mais pas l'*inayom*.

– *InyEon !* rit Sasha.

Au matin du neuvième jour, la température a augmenté de 5 degrés, il fait beau, et enfin chaud.

Sasha a revêtu son petit haut à manches bouffantes en satin noir, enfilé un jean et chaussé ses Doc. Elle a passé du temps à coiffer ses cheveux en un petit chignon haut façon Birgit. Elle se sent une âme de danseuse. Elle attrape ses affaires, crie à sa corres que Markus l'attend, et quitte la maison en courant. Elle a rendez-vous avec son amoureux près de l'arrêt de bus. Elle sourit, elle a tellement hâte de le revoir.

Il lui est venu une idée pendant la nuit, une « idée *inyeon* » a-t-elle écrit dans son message à Markus :

> Je ne veux plus rentrer en France. Je vais demander à finir l'année dans ton lycée. Ou ailleurs. Mais je veux vivre à Berlin.

Je suis bonne élève, j'obtiendrai peut-être
une bourse d'études. Fini, le lycée français.

Il a répondu très vite :

Tu viendrais habiter à la maison ?
Ou on pourrait prendre une coloc.

Elle traverse la route pour se poster à l'endroit où Markus vient la récupérer chaque matin. Au bout d'une minute, elle aperçoit le scooter rouge. Markus fait un geste et en passant devant elle, il lui crie :

– Hey ! Je reviens te chercher…

Il entame un virage serré pour faire demi-tour, sourire aux lèvres. Tout proche, une grande masse avance, avec ce petit ronronnement électrique quasi inaudible.

– Je dois juste…, poursuit le garçon.

Sasha se met à hurler :

– Markus, le bus ! Mais regarde !

Le conducteur tente une manœuvre tardive, mais le choc est inévitable. Le scooter se plie comme du métal fondu. Le corps du jeune homme est projeté en l'air et vient s'échouer sur la chaussée, désarticulé.

CHAPITRE 14

Le carrefour se remplit en trois minutes d'une foule compacte. Les gens crient, courent, pleurent. D'autres sont paralysés, le regard rempli d'effroi. On entend « *Schnell, schnell !* » tandis que la police et les secours arrivent sur la scène.

Sasha n'a pas bougé d'un millimètre. Une policière lui demande de s'éloigner et elle avance, comme un robot, un pied, puis un autre. Le sang a quitté son cerveau. Elle n'est plus à Berlin, mais entre quatre murs étroits, dans un espace clos privé d'air.

La tête de Markus repose sur le côté, un filet de sang coule de son nez et de sa bouche.

Chapitre 15

Dans la chambre, 16 mars 2024

TCHIP TCHIP !

Mochi éternue l'air piteux, l'œil larmoyant, sa petite tête posée de trois quarts entre ses pattes. Sa truffe sécrète de minuscules bulles transparentes.

Sasha tamponne le bout de son nez avec un mouchoir.

– C'est moi qui suis sortie, c'est toi qui t'enrhumes, mon petit cœur.

Le chaton dort constamment depuis deux jours, petite boule grise de silence. Sasha essaie de se rassurer : le félin n'a ni le museau sec, ni l'intérieur des oreilles brûlant – symptômes de fébrilité recensés sur Internet.

Quand il est réveillé, Mochi l'observe les yeux mi-clos, mais dès qu'elle soutient son regard, il fait volte-face et lui montre son arrière-train.

GARDIENNE : Tel maîtresse, tel chat.

PRISONNIÈRE : Les félins sont des champions de la solitude, c'est prouvé par la science.

GARDIENNE : Qui te dit que t'es pas un chat ?

PRISONNIÈRE : Oui, je sais, « Socrate est mortel, tous les chats sont mortels, donc Socrate est un chat », etc., etc. Tu as sans doute raison.

Il y a deux jours, elle a récupéré Mochi non sans mal, avec le sentiment de l'avoir arraché à sa sœur. De l'autre côté de la porte, Elsa chouinait :

– Mais, maman, ça se fait pas ! C'est une voleuse de chat, je la déteste !

– Ooooh, toi qui adores ta sœur, enfin ! Et rappelle-toi, c'était un cadeau pour Sasha.

Sa mère articulait si fort que c'en était pathétique.

– Oui, mais c'est moi qu'il préfère, avait rétorqué Elsa. Et avec elle, il est comme en prison.

– Tu as raison, Elsa, aboya son père. Il va devenir totalement frappadingue cet animal... Comme sa maîtresse.

– Je t'interdis de parler comme ça de Sasha ! s'offusqua sa mère. Tu es un crétin !

– Ah, c'est moi qui suis fou ? Famille de DINGUES !

Cris contre cris, portes claquées et tension extrême, ça montait en volume depuis quelques semaines. Et Elsa qui pleurait et réclamait le chat.

CHAPITRE 15

Sasha avait saisi son casque. Galaxie de l'Hypersilence ou de l'Hyperbruit, deux stratégies pour obtenir le même résultat : couper le mince fil qui la relie à la Terre. Elle avait choisi la deuxième option. Vite. Deezer. Amy Winehouse à fond. Allongée sur la moquette, les mains derrière la nuque, elle avait observé le plafond, les yeux mi-clos, pendant une bonne dizaine de minutes.

Puis le calme était revenu. Elle entendait seulement sa petite sœur râler en passant devant sa porte, matin et soir.

Alors qu'elle jette le mouchoir qui a servi à essuyer le museau de Mochi, Sasha aperçoit un triangle blanc dépasser sous la porte. Une petite main frappe doucement contre la cloison. Elsa.

– Sasha, murmure la fillette, j'mescuse. Je t'aime, ma sœur. Regarde, on t'a écrit une lettre, il faut que tu mettes ton nom. T'écris ton nom, et tu renvoies la lettre, d'accord ma sœur ?

Sasha tire l'enveloppe vers elle, la déplie.

« CONTRAT DE GARDE ALTERNÉE DU CHAT MOCHI VAUTIER.

Entre Madame Elsa Vautier et Madame Sasha Vautier.

Le chat dénommé Mochi Vautier est sous la garde de sa maîtresse principale, Madame Sasha Vautier.

Il doit sortir pour son bien-être de chat deux fois par semaine, et sera gardé par Madame Elsa Vautier tous les mercredis et samedis, de 15 heures à 20 heures, à compter d'aujourd'hui. »

Sasha étouffe un petit rire en voyant que sa sœur a ajouté « et tous le samedi entié ».

« Madame Sasha Vautier se voit dans l'obligation de sortir de sa chambre pour remettre le chaton en mains propres à sa sœur, Madame Elsa Vautier. »

Bonjour le piège. Ourdi par la daronne, bien sûr.

Elle barre soigneusement la dernière clause, et appose son nom en ajoutant : « OK pour aujourd'hui, 15 heures. Mochi est enrhumé, il faudrait l'emmener chez le véto. Sur Google, la Dr Bollaert est notée 4,4. »

Elle inscrit le numéro de la vétérinaire, replie le papier et le glisse sous la porte. La feuille disparaît aussitôt, comme aspirée vers l'extérieur.

– OUIII ! Elle a dit OUI, maman, Sasha a dit OUIII ! Oh, MERCI SASHA !

CHAPITRE 15

Sasha sourit. Dans une heure, elle entrebâillera la porte pour laisser le chaton gambader vers Elsa, qui l'attend avec impatience.

– Oh, mais… Mochi, regarde !

Elle s'exclame à voix haute, s'approche de la fenêtre, abasourdie, le petit corps chaud du chaton contre sa poitrine, son cœur palpitant tout contre le sien.

Elle ne rêve pas. Ce sont bien de minuscules flocons qui volettent dans le ciel.

Depuis combien de temps n'a-t-il pas neigé, en région parisienne ? En plein milieu du mois de mars… La planète est vraiment déréglée.

Sasha laisse glisser Mochi de ses bras, allume sa première cigarette de la journée, la meilleure, celle qui fait tourner la tête, attrape sa canette-cendrier, avant de retourner en clopant près de la fenêtre.

En quelques minutes, le toit des voitures s'est recouvert d'une belle couche blanche. Deux enfants se pourchassent en criant de bonheur. Les mains rougies par le froid, ils se mettent à dessiner de drôles de formes sur les pare-brise, laissant leur index filer sur la poudreuse. Des petits banlieusards qui n'ont encore jamais vu un flocon de neige de leur vie.

Quand elle était petite, Sasha offrait son visage au ciel, ouvrait la bouche, et tirait la langue pour recueillir les flocons sur sa langue. La neige tombait dans ses yeux, dans ses narines, sur son cou, et la fillette s'écriait :

– Ça fond comme de la barbe à papa glacée ! C'est de la glace à la neige, maman !

Elle avait adoré ça, tout comme elle avait aimé se jeter de tout son corps dans la poudreuse pour y imprimer sa silhouette.

Elle se serait fait trucider plutôt que de l'avouer à quiconque, mais là tout de suite, elle avait une envie furieuse de sortir, de sauter, de parler, de sentir les flocons sur sa peau.

Depuis quelques semaines, l'astéroïde B.612 s'est dangereusement éloigné de la Terre. Plus aucun élève ne prend de ses nouvelles. Bahia ne lui écrit plus. Il ne reste que mamie Martine, Hadrien, Petrus, Milo, Lila et tous ceux de Porte H.

Et pourtant, Sasha sent que quelque chose bouge en elle. Un frémissement. Une envie de se rapprocher du monde, de serrer d'autres humains dans ses bras. Une envie de rire, aussi. C'est un petit sursaut, un peu comme les prémices d'une tempête, comme si ses cellules se réveillaient une à une de leur torpeur, et que sa peau de carton reprenait progressivement vie. Un pantin de bois réanimé par une étrange fée punk. D'où vient donc ce sursaut ? Pourquoi sa petite planète se redirige-t-elle vers son orbite ?

Aujourd'hui, avec la neige, lui vient une idée folle. Pourquoi ne lancerait-elle pas un appel vidéo sur le groupe Porte H ? Chacun des visages s'afficherait dans son petit carré bien délimité, dans l'ombre ou la lumière, sous leur capuche ou pas, surpris, émerveillés, tirés de leur sommeil.

Elle imagine leurs réactions : « Sasha, c'est bien toi, on t'a hacké ton numéro ? Tu t'es trompée de bouton ? » Ils la taquineraient. Évidemment. « Tu sors de ton terrier, là, maintenant ? C'est trop tôt, ma vieille. Le printemps, c'est pas tout de suite. Les ours sont encore en train d'hiberner. » Hadrien aurait dit : « Ah, c'est à cause de toi qu'il neige, Sasha ? Faut pas faire ça au ciel, franchement. » Du Hadrien à 100 %. Oui, il aurait parfaitement pu parler comme ça.

Elle laisse se consumer son désir d'extérieur en même temps que sa cigarette. Et à la place, serre Poolpy contre elle. Un tentacule chatouille son nez. Elle serre la peluche plus fort encore.

Un câlin, c'est quelques grammes d'ocytocine, avait-elle lu. On ne peut pas vivre sans étreinte, et une étreinte, pour être bénéfique, doit durer au moins dix secondes.

Prisonnière : OMG, que c'est long.
Gardienne : Soupir.
Prisonnière : Tu ne réponds rien ?
Gardienne : C'est long baby, une vie de peluche.

Il neige de plus en plus dru, de gros morceaux de coton hydrophile tombent du ciel par paquets. Sasha sent une anxiété sourdre en elle.

Prisonnière : C'est parce que Mochi s'en va. T'es devenue une vraie maman, hein ? T'as le blues des divorcés.

Gardienne : Non, c'est la neige. Les tout premiers flocons, ça m'a toujours fait ça. Déprime, mal de tête, envie de foutre des coups de pied partout.

Prisonnière : Comme avant les règles. Un syndrome prémenstruo-neigeux.

Ding. Notification WhatsApp.

Prisonnière : Ça doit être Hadrien, le sauveur de tous les reclus. Il est sans doute en train de parler de la neige, à quel point ça donne envie d'aller dehors...

Gardienne : Ah oui, j'imagine très bien : « Allez les loulous, faut sortir, et si on se faisait une bataille ? » Tellement prévisible notre preux Hadrien.

CHAPITRE 15

Elle étire mollement le bras, attrape son iPhone C'est Manon Roger.

Étrange. C'est la première fois que la psy la contacte sur WhatsApp. D'habitude, elle lui écrit par mail.

Encore plus étonnant : c'est un vocal. Sasha clique sur le petit triangle. Elle entend distinctement la voix de Manon Roger, non plus filtrée par la porte comme lors des séances.

Sa voix est chaleureuse, et même particulièrement douce. Sasha augmente le volume.

« Bonjour Sasha, je suis désolée, je ne pourrai pas venir aujourd'hui, pour raison de santé.

En revanche, j'aimerais que tu profites de ce moment pour réaliser un petit exercice. Je pense que cela peut te plaire : j'aimerais que tu rédiges sous forme de liste toutes les PORTES qui te passent par la tête.

Tu peux écrire, ou dessiner… Du moment que ça tourne autour des portes, autour des panneaux ou des murs qui s'ouvrent et se ferment au gré des envies.

Ça pourrait s'intituler « Les portes de ma vie »… Tu vois ? Porte d'ascenseur, porte tournante, paravent…

Je crois que ça nous aidera à avancer.

À bientôt !

Oh, à propos... As-tu vu la neige, dehors ? On dirait un tableau de Brueghel. De ma fenêtre, c'est un tapis blanc, les enfants font des batailles. Il faut en profiter. Ça fait au moins... dix ans que je n'ai pas vu autant de neige en pleine ville. J'ai tellement envie de skier, et me voilà au fond de mon lit... À bientôt, Sasha. »

Le vocal s'arrête ainsi. Sasha ne sait pas très bien quoi en penser. En elle, les petites voix reprennent.

PRISONNIÈRE : Pfff. Pas très finaude la psy. Les portes, maintenant. N'importe quoi.

GARDIENNE : Ça ne te rappelle pas quelque chose... Une photographe qui collectionnait des portes, non ?

PRISONNIÈRE : Carrément. Tu crois qu'elle est payée pour ce petit exercice, la psy ? 80 balles ?

GARDIENNE : Évidemment ! Elle va demander un supplément pour la correction de copies, tiens donc.

PRISONNIÈRE : Le super filon !

Sasha attend 15 heures pour entrebâiller la porte et rendre Mochi à Elsa. Puis elle se douche longuement, laisse écumer le pain de shampoing entre ses mains avant de frotter ses cheveux. Elle passe à plusieurs reprises le pommeau de la douche chaude sur sa poitrine, mais le nœud à l'intérieur ne se desserre pas. Elle enfile son peignoir, enroule une serviette autour de sa tête, s'installe sur la chaise près de la fenêtre et commence à démêler ses cheveux.

Prisonnière : En fait, tu sais quoi, je suis dans une boule à neige. Celles qu'on secoue pour disperser les flocons.

Gardienne : Plantée au milieu, petite reine grotesque brandissant son sceptre.

Prisonnière : Ou skieuse coincée en haut d'une piste noire.

Gardienne : Ou petite fille tirant la langue pour avaler la glace. Ou…

Prisonnière : On a compris l'idée.

Gardienne : Pense pas trop à la cloche en verre au-dessus de toi. Tu vas paniquer.

Prisonnière : Envie de fracasser les parois. Envie de SORTIR.

Gardienne : Je te retiens pas. Elle est où, la clé ?

Prisonnière : Je l'ai jetée.

Gardienne : Le bordel dans ta tête.

Prisonnière : Tu sais très bien ce que j'ai dans la tête. Je peux pas garder ça pour moi, ça m'étouffe.

Gardienne : Quoi ?

PRISONNIÈRE : Ce secret. Markus. Avant l'accident.

GARDIENNE : C'est purement dans ta tête.

PRISONNIÈRE : Tu sais bien que non.

GARDIENNE : Alors dis-lui. À Manon Roger.

PRISONNIÈRE : Elle attend un texte sur les portes, je te ferai dire.

GARDIENNE : Raison de plus. Dis-lui que les portes t'ont inspirée. Elle va pas toucher 80 balles juste pour te voir rendre un petit devoir bien propre. Mets-lui en plein la vue. Donne tout ce que t'as. Allez, allez, je te lâcherai pas.

PRISONNIÈRE : Porte coulissante, pfff... qui coulisse... Qui se bloque.

GARDIENNE : Porte claquée... Décibels... Ceux qui vous fracassent le tympan.

PRISONNIÈRE : Porte tournante, porte de saloon, porte tambour à une seule personne ; à deux ça se bloque. Boule à neige sans porte.

GARDIENNE : Si, la trappe en dessous, il y a TOUJOURS une porte.

PRISONNIÈRE : Je sèche... C'est comme dans ce vieux film, *2001, l'Odyssée de l'espace*. Tu te souviens ? « Ouvre cette porte, Hal, je t'en supplie. » L'ordi devenu fou qui bloque l'ouverture du vaisseau... Comment on fait quand la porte ne peut PAS s'ouvrir ?

CHAPITRE 15

GARDIENNE : Souvenir glauque d'avoir vu ce film avec papa. Ce film qu'il adore.

PRISONNIÈRE : Et quand l'astronaute s'apprête à débrancher l'ordi ? « Mon cerveau se vide. Et j'ai si peur. » Quel flip.

GARDIENNE : Pas de panique. T'es pas dans un vaisseau spatial, t'es pas perdue dans l'espace, t'es chez toi. Déstresse. RESPIRE.

PRISONNIÈRE : Penser à autre chose, OK. D'autres portes... Tiens, les barbelés. Les ronces dans les contes de fées, c'est un genre de porte, non ?

GARDIENNE : Quand t'étais petite, t'avais toujours peur des clôtures électrifiées. Peur que les vaches se prennent des décharges.

PRISONNIÈRE : Et je continue à flipper. En fait, il y a des portes partout.

GARDIENNE : Il suffit d'avoir la clé...

Sasha s'extrait de ce dialogue insensé qui tourne en rond. Penser à autre chose.

Porte de ville.

Ouverture dans le mur.

Est-Ouest. Berlin tranché en deux.

Porte de Brandebourg au centre de cette cicatrice qui parcourt la ville.

Séparation des amoureux.

S'embrasser pour se dire au revoir.

Le mur qui sépare les vivants des vivants. Les morts des vivants.

Plus aucune infiltration possible.

Des miradors pour tuer les exfiltrés.

Sasha essuie la larme qui sillonne sa joue.

La casquette de colère est en train de fondre, au-dessus de ses yeux. C'est le dégel. Dégoulinade annoncée.

PRISONNIÈRE : Je le savais

GARDIENNE : Moi aussi.

PRISONNIÈRE : Espèce d'ordure. Pourquoi tu m'as obligée ?

GARDIENNE : Tu veux sortir ou pas ?

PRISONNIÈRE : Je cherche la clé

GARDIENNE : J'ai compris. Allez, raconte-lui, vas-y, lâche tout.

Sasha prend son téléphone et enregistre un vocal pour Manon Roger. Ses mains tremblent à peine, et sa voix est assurée, à peine cassée, même après des mois sans presque prononcer un mot.

CHAPITRE 15

« C'est moi, Sasha.

Je ne sais pas encore si je vous enverrai ce message. On verra bien. Je n'avais pas envie de vous parler, mais je me dis que si je ne le fais pas je risque de casser une chaise ou de créer un dégât des eaux.

Il faut que vous sachiez.

Il y a un an j'ai rencontré un garçon. Il s'appelait Markus. C'est un drôle de nom, hein, mais il était Allemand, ça excuse.

Je devrais commencer par le début. C'était pendant le séjour en Allemagne. Je pensais qu'il était amoureux de moi. C'est moi qu'il a choisie, vous comprenez, moi parmi toutes les filles qui auraient pu sortir avec lui. Moi, plutôt que Daria, Inès, Zoé et toutes les autres. Il avait un scooter, et il m'emmenait, j'étais à l'arrière. Il avait toujours un casque pour moi. Toujours. Toujours.

On allait au lycée ensemble, on visitait la ville, on allait voir les peintures sur les murs... »

Sasha s'arrête, met sur pause. Elle ne peut pas le dire.

« Il avait un scooter. Je vous l'ai déjà dit...

Un matin, on avait rendez-vous au carrefour et... en arrivant, il m'a regardée... Le problème, c'est pas qu'il soit... Enfin, vous voyez... mort... Vous comprenez... »

Sasha sent un mur de glace se fissurer, tomber en blocs puis fondre en elle. Un puissant sanglot enfle dans sa gorge.

Elle poursuit :

« Le problème, c'est qu'avant d'être percuté par le bus, il m'a regardée. Fixement. Il m'a souri et je ne suis pas sûre, hein, je ne sais pas si c'est un faux souvenir, mais il m'a fait un clin d'œil. Comme pour… me faire comprendre.

Alors… »

Elle se met à sangloter, bruyamment.

« Je ne sais pas… Je pense… qu'il m'a choisie, juste… Juste pour ça… Pour mourir. Parce que sinon, pourquoi il m'aurait choisie, moi, hein ? »

GARDIENNE : Dis-lui. Va jusqu'au bout.

PRISONNIÈRE : Tais-toi. Je prends mon temps.

« Vous savez ce que je pense ? Je suis un genre de sorcière… Qui balance des sorts, des malédictions… Ne dites pas que c'est pas vrai…

Réfléchissez, putain, avant de prononcer des phrases doucereuses et votre bullshit de psychologie positive. »

Sasha stoppe le vocal et l'envoie sans réfléchir.

CHAPITRE 15

Elle s'accroupit sur le sol, et continue de pleurer en se berçant, d'avant en arrière.

À l'extérieur, la neige a cessé de tomber.

La ville est recouverte d'un grand manteau de silence.

Chapitre 16

Hôpital de la Charité, Berlin, 20 avril 2023

Vierhundertsiebzehn. 417.

Sasha approche de l'ascenseur comme un automate en se répétant le numéro de la chambre. Encore et encore. *Vierhundertsiebzehn.* Son cerveau au ralenti peine à traduire les nombres.

417, quatrième étage.

Birgit, à côté d'elle, l'appelle doucement :

– Tu veux que je vienne avec toi ? Tu ne vas pas y aller toute seule. Je t'accompagne.

Sasha secoue lentement la tête, esquisse un pauvre sourire dans ce hall de l'hôpital de la Charité envahi de blouses blanches et vertes, de patients agrippés à leur pied de perfusion. Dans ce grand espace surchauffé et saturé d'odeur de café, emmitouflée dans sa doudoune, elle a froid. Elle se sent nauséeuse.

– Non, ça va, ça va, répète-t-elle. C'est juste au quatrième étage.

Birgit hoche la tête.

– Je rejoins papa, nous t'attendons dans la voiture. Tu m'appelles si ça ne va pas.

– D'accord, mais ça ira.

Birgit et son père ont tenu à accompagner Sasha jusqu'à l'hôpital, où Markus avait été admis l'avant-veille. Elle sait que monsieur Habel a pris sa matinée mais elle ne veut pas trop s'attarder.

Dans l'ascenseur, un monsieur âgé et tout fripé la regarde d'un air interrogatif, le doigt appuyé sur les boutons.

– Quel étage ?

– Quatre, articule-t-elle.

Et elle pense : *Vierhundertsiebzehn, l'étage des jeunes en danger de mort*.

Les portes de l'ascenseur s'ouvrent sur un couloir vert amande. Sasha le remonte lentement, comme si tout son corps voulait l'empêcher d'avancer et de découvrir ce qui se cachait dans la chambre 417.

La porte est entrouverte. Elle ne peut pas reculer. Elle entend le ronronnement du respirateur, comme le souffle d'un géant endormi qui veille sur lui, sur Markus.

Le jeune homme est allongé sur le dos, les yeux fermés, un tuyau sortant de la bouche, un tas d'autres capteurs reliés à des appareils qui bipent en permanence.

Sasha s'approche doucement du lit, murmure le prénom de Markus. Très bas, puis de plus en plus clairement. Elle voit maintenant son teint pâle, les ecchymoses sur le front et les joues, son nez tuméfié, son pansement sur le crâne.

Markus avait retiré son casque et le portait à la main. Mais pourquoi ?

L'accident s'est déroulé deux jours plus tôt. Depuis, le jeune homme est plongé dans un coma profond. C'est ce qu'a dit le père de Markus au père de Birgit, qui l'a rapporté à sa fille. C'est lui aussi qui a indiqué le nom de l'hôpital où l'adolescent a été transporté. Birgit a ensuite délivré les informations à Sasha en serrant son épaule d'un air éploré.

– Tu veux que je vienne avec toi ?

– Oui, non, enfin je ne sais pas, a répondu Sasha.

Elle se sentait plus vide que désespérée. Comme absente.

Devant le lit de Markus, Sasha ne sait pas quoi faire de ses mains, elle ne sait pas si elle a le droit de le toucher, mais elle se rappelle qu'il est important de stimuler les sens des personnes dans le coma.

Comment lui donner envie de sortir de là ? Elle a entendu des histoires de personnes malades qui, dans le coma, peuvent se laisser glisser de l'autre côté si elles ne se sont pas suffisamment encouragées à vivre.

Sasha s'assoit sur le bord du lit, elle pose sa main sur le drap, juste à côté de celle de Markus, douloureusement immobile.

– Reviens, Markus. Ne me laisse pas. Pense à l'*inyeon*. Pense à notre *inyeon* à tous les deux. Comment je vais faire, maintenant, sans toi ? J'ai trouvé mon lycée, tu sais, pour l'année prochaine, pour te rejoindre. Markus, tu m'entends ? Je ne peux rester qu'un quart d'heure, c'est ce qu'on m'a dit. Alors écoute ça, s'il te plaît, et souviens-toi.

Elle a retrouvé sur Deezer les musiques qu'ils avaient écoutées tout en haut de la Fernsehturm. Sofiane Pamart, *Berlin* et *Medellín*. Elle monte le son, encore et encore.

Mais dans le lit, le visage reste lisse, sans expression. Elle finit par toucher le dos de sa main, elle est froide et dure. Quand Sasha la caresse, elle sent une légère contracture sous ses doigts. Comme s'il lui répondait.

SASHA 1 : C'est sûr, sûr, bébé, tu vas te réveiller.

CHAPITRE 16

SASHA 2 : Tu crois au Père Noël.

SASHA 1 : Sors de cet état, Markus. Sors de ta bulle. Et du bon côté s'il te plaît.

Elle entend frapper doucement à la porte. Une infirmière doit changer le pansement et remplacer la poche d'hydratation.

Quand elle sort de la chambre, deux femmes qui patientent sur un banc tournent la tête vers elle. L'une, la petite cinquantaine, les épaules carrées, porte un manteau beige et une écharpe kaki. Sasha comprend vite qu'elle est la mère de Markus. La jeune femme qui l'accompagne ressemble en tout point à l'adolescent. Même cheveux bruns, mêmes yeux en amande.

Apercevant Sasha, elle se lève et approche. Anita. C'est la grande sœur de Markus. Elle tend les bras vers Sasha et la serre fort contre elle. Le flot de larmes qu'elle avait jusqu'à présent réprimé devant Markus lui brouille les yeux.

La bouche de la mère tremble. Elle se lève et chevrote :

– C'est toi, Sasha. Tu étais avec lui quand…

Sasha hoche lentement la tête. *S'il vous plaît*, pense-t-elle, *n'en dites pas plus. S'il vous plaît*. Comme si elle avait entendu ses pensées, la femme se tait et des larmes coulent sur ses joues, en silence. Sasha s'écarte légèrement d'Anita et désigne la chambre.

– L'infirmière change le pansement.

La mère de Markus saisit délicatement ses mains. La situation est grave. Markus souffre d'un profond traumatisme crânien, avec des lésions intracérébrales.

Sasha est comme sidérée par toutes ces informations.

– Même s'il se réveille, il… ne récupérera pas forcément, souffle Anita. Nous avons rendez-vous avec le médecin.

La mère garde ses mains dans les siennes avec douceur. Elle se tourne vers Sasha avec un pâle sourire.

– Markus nous a parlé de toi, tu sais. Sa petite amie française.

Sasha ne peut contenir ses larmes. La mère la prend dans ses bras et la berce doucement.

– Oh, je n'aurais pas dû… Pardon ma petite… Il ne reste plus qu'à prier.

Prier, songe Sasha. *Prier et écouter Philip Glass, Gibran Alcocer, Patti Smith et Scorpions en boucle. Prier et penser très fort à l'*inyeon.

– Il était beau. Si gentil. Mon fils, murmure la mère.

Elle parle au passé.

CHAPITRE 16

Un homme trapu, cheveux gris, air fatigué, blouse verte, les invite à le suivre. La mère de Markus présente Sasha comme la « fiancée de France ». Elle obtient le droit de les accompagner.

Le médecin est gentil, il revient sur tout ce qui a été entrepris la veille. Il parle lentement, en articulant, pour être sûr de se faire comprendre.

Markus a été conduit en salle de déchocage, où l'on a diagnostiqué un sévère traumatisme crânien qui avait touché près de 20 % du cerveau. La pression intracrânienne due à l'hémorragie était également encore très élevée.

– Docteur, il va se réveiller, n'est-ce pas ?

Le médecin fixe la mère de ses yeux gris, impassible.

– Docteur, s'il vous plaît, répète-t-elle.

Il penche le buste en avant.

– Je dirais que rien n'est impossible, répond-il avec empathie. Mais... nos espoirs sont minces.

Dans un des épisodes du podcast « Transfert », Sasha avait entendu l'histoire d'Enzo, ce jeune Alsacien de 27 ans qui, après un accident de voiture, avait passé sept ans dans un coma très profond. À force de lui parler, de lui masser les mains, de lui faire respirer les odeurs qu'il connaissait (y compris celle du houblon), il avait fini par se réveiller. Mais il lui avait fallu trois ans pour récupérer.

Dix ans au total...

Comme si Anita avait lu en elle, elle demande au médecin si le fait de venir tous les jours parler à Markus, lui faire écouter sa musique préférée, lui faire sentir les odeurs de son enfance, la vanille, l'eucalyptus, lui faire écouter le bruit des vagues pour lui rappeler l'été dernier à Héraklion, en Grèce, serait susceptible de le réanimer.

– Vous savez, madame, je vais être honnête, les belles histoires, ça n'existe que dans les livres. Les histoires où on sort du coma comme ça, sans aucune séquelle...

– Vous n'y croyez pas, au fond, conclut la mère d'une voix sourde.

– Chère madame, votre fils se trouve dans un coma profond, je suis désolé. Je préfère ne pas vous bercer d'illusions et je vous le répète : malheureusement, les chances qu'il se réveille et ne souffre d'aucune séquelle sont très faibles.

La mère de Markus cache son visage dans ses mains.

– Est-ce que c'est un coma de stade trois ou de stade quatre ? interroge Anita d'une voix tremblante.

Le médecin fait un pas vers les trois femmes, le front plissé. Il lève les yeux vers le plafond, inspire longuement et, d'une voix grave, articule :

CHAPITRE 16

– Le pronostic vital est engagé.

Sasha laisse la mère et la fille retourner auprès de Markus. D'un pas lent, elle remonte le couloir, emprunte l'escalier avec des semelles de plomb et regagne le hall, puis la porte automatique. Elle est dehors. Elle marche, un pied devant l'autre, sans y songer. Comme un robot.

Markus est prisonnier de ses tubes, sous respirateur, il va peut-être mourir, seul dans sa chambre.

Il n'est plus question de chercher à stimuler ses sens, ou de lui faire écouter sa musique préférée. C'est vain, a dit le médecin.

Il ne lui est jamais rien arrivé jusqu'à ses 15 ans, et maintenant, après une parenthèse dorée, elle a déclenché le malheur.

Le troisième jour, quand elle retourne au lycée avec Birgit, elle les entend. Les murmures, les ricanements, les quolibets de ses camarades français. Ils la poursuivent sur les réseaux sociaux On la traite de sale chamane aux yeux louches. Elle est devenue la sorcière des contes, celle qui séduit et assassine ensuite. Celle qui crache des crapauds et des vipères, la givrée qui porte malheur.

Ça recommence.

Sasha comprend que la roue n'a tourné qu'un quart de tour, et qu'elle est désormais revenue au point de départ. Elle comprend que cette friandise, Markus, ne lui a été donnée que pour titiller son désir, détourner son attention, l'endormir et finalement la faire souffrir encore plus. Markus l'a délivrée d'un sortilège, mais la malédiction la frappe à nouveau. Le mal s'était tapi dans un coin comme une bête sauvage pour mieux la saisir à la gorge.

SASHA 1 : Sorcière. Sale putain de sorcière. Elles avaient raison.

SASHA 2 : Tais-toi.

SASHA 1 : Ne regarde pas Instagram.

Cette fois, c'est pire que la haine des autres, c'est l'éventualité de la mort. La culpabilité. La détestation de soi.

Parce qu'une chose ronge Sasha. Pourquoi Markus ne portait-il pas son casque ? Qu'allait-il chercher, ce jour-là, en poursuivant sa route ? Comment avait-il pu louper le bus qui arrivait en face ? Rien ne tenait debout.

Le décès survient deux jours plus tard, en pleine nuit.

CHAPITRE 16

Markus a ouvert les yeux brutalement, tenté de se relever puis est retombé sur son lit.

Les médecins n'ont rien pu faire.

Et Sasha se retrouve seule face à un abîme de questions.

La décision a été prise par ses parents et ses professeurs, tout particulièrement l'organisatrice du voyage, madame Gerbert. Sasha va rentrer en France au plus vite, avant même l'enterrement. Parce qu'elle a été témoin de l'événement traumatisant, l'administration prend en charge son billet d'avion. Madame Gerbert l'accompagnera à l'aéroport.

– Ça ne te dérange pas de voyager seule ? lui demande l'enseignante.

Sasha secoue la tête. Ça ne la dérange pas d'être seule.

Chapitre 17

Dans la chambre, 25 mars 2024

Depuis quelques jours, les bruits de la Terre ont changé. Comme si l'astéroïde B.612 avait modifié sa trajectoire et qu'il faisait cap vers une autre galaxie, Sasha n'entend plus la voix de son père, les ricanements métalliques, les toux agacées, les *pfiou*, les *eurk*, les coups de poing sur la table, les « princesse dans son donjon, putain de m… ». Elle entend seulement les fredonnements de sa mère, un air de piano, toujours le même : *do sol la fa*, des notes qui s'entêtent, *mi fa mi mi*, des erreurs de petits doigts. Elsa.

Elle joue du piano, maintenant ? Elle apprend avec un tuto, peut-être, comme Sasha l'a fait avec *La Valse d'Amélie*, de Yann Tiersen. C'est si facile avec les tutos.

Il n'y a pas si longtemps, c'était elle qui jouait ses partitions favorites, encore et encore. Parfois six sept, huit fois d'affilée, jusqu'à ce que quelqu'un râle à la maison.

La musique était son quotidien. Casque sur la tête, elle rentrait du collège ou du lycée en fredonnant. Il y avait toujours un nouvel air à apprendre au piano, un artiste à découvrir, un genre à explorer. Mais depuis l'accident, certaines musiques lui sont devenues insupportables. Les mélodies semblent piégées. Les notes sont des gouttes d'huile brûlante qui s'écrasent l'une après l'autre sur son cœur. *Ploc ploc.* Et prends ça, prends ça encore. Tu en veux de la nostalgie ? Prends encore un petit coup de Philip Glass et quelques notes de Schubert derrière la nuque. L'atroce *Still loving you* de Scorpions.

Et *shlak*, chiale bien dans le micro. Même les gammes du Hanon en *mi* mineur, il fallait s'en méfier comme de la peste.

GARDIENNE : Tu pourrais lui parler de Sofiane Pamart. Il y a sûrement un tuto qu'Elsa pourrait apprendre.

PRISONNIÈRE : Ne prononce plus jamais ce nom.

GARDIENNE : Tu te souviens, le baiser en haut de la Fernsehturm... C'était magique. Que tu le veuilles ou non, la musique a sublimé ce moment. Tu ne voudrais pas partager ça avec Elsa ?

PRISONNIÈRE : Sadique...

CHAPITRE 17

Gardienne : Faudra bien t'habituer à vivre avec, hein. Personne n'a trouvé le Tipp-Ex qui efface les souvenirs.

Depuis quelques jours, Sasha entend sa mère chantonner en portant les plateaux-repas, elle entend aussi *clic clic,* les poignets de Manon Roger cliqueter quand elle frappe à la porte – elle s'est peut-être offert une rangée de bracelets dorés, des yogis, c'est bien le genre de bobo à faire du yoga trois fois par semaine sur son tapis mauve, en chantant des mantras sur la paix sur Terre. La psychologue a une voix plus enjouée quand elle prononce son prénom.

Gardienne : C'est depuis que tu lui as répondu, tu sais. Avant, elle avait une voix défaitiste. Tu lui as insufflé de la joie.

Prisonnière : Ouais, elle sait peut-être que je l'écoute.

Gardienne : C'est une voix qui attend quelque chose.

Prisonnière : Ou bien c'est parce que c'est le printemps. C'est le premier jour du printemps.

Gardienne : On entend les oiseaux chanter, les gosses rire sur le chemin de l'école, les scooters pétarader, les amoureux…

Prisonnière : Stop. Pas le bruit du scooter.

Ce matin, Elsa est venue gratter à sa porte. D'abord doucement, puis de plus en plus fort.

– Sasha, tu dors ?

– Hmmm…

Sasha glisse sous sa couette, puis se lève en soupirant. Elle colle son oreille à la porte.

– Tu veux un secret ? chuchote la fillette.

– …

– Papa… Sasha… Sasha, t'es là ?

– Quoi, papa ?

Ça lui a échappé, elle a crié.

– Y a une cassatrophe, bafouille Elsa.

Une CATAstrophe, pense Sasha.

– Papa… Papa il est parti.

– Parti… pour la journée ?

– Parti parti.

– Alors c'est pas une catastrophe.

– C'est à cause de toi, tu sais… Ils se sont disputés… Papa a été méchant avec toi.

Pitié. Tu ne vas pas t'y mettre…, pense Sasha.

Elsa grattouille à la porte.

– J'ai commencé le piano, tu sais ? J'ai joué FORT pour que tu m'entendes. Tu m'as entendue ?

– Un peu.

CHAPITRE 17

– Je joue bien ?

– Tu devrais jouer *La Valse d'Amélie*. C'est facile, tu sais.

– Tu m'as pas répondu si je jouais bien. Oh, maman m'appelle. Tu sais Sasha… Tu es là ? Ou tu dors déjà ?

– Je suis là.

La voix se glisse dans le trou de la serrure, chuchote :

– Je vais avoir un bébé hamster. Tu te rends compte ? Un hamster DORÉ. Ça doit être trop beau. On pourra les faire jouer ensemble, avec Mochi. Peut-être même qu'ils pourront faire des bébés. Si c'est une femelle. Tu crois que c'est joli, les bébés hamsters-chats ? Tu crois que ça serait des têtes de hamsters avec des corps de chats ? Ça serait mieux, ça, plutôt qu'une tête de chat sur un corps de hamster.

Elsa se tait quelques secondes. Sasha l'imagine réfléchissant à son chaton-hamster, et esquisse un sourire.

– Sasha ?

Quoi encore ? pense Sasha.

– Tu pourras le mettre dans la BD ? Maman, elle dit que t'as que ça à faire, la BD. Alors ?

– Oui, souffle Sasha. Tu as choisi son prénom ?

– Attends… mais là tu as recommencé à parler, pas vrai Sasha ? Tu me parleras toujours, hein ?

Sa petite sœur semble seulement mesurer à quel point la scène est inhabituelle. Sasha inspire et répond :

– Oui, à toi, oui.

– Alors tu veux son prénom, hein ? Tu veux que je te le donne ?

– Oui.

– J'aime bien Chut. Ou Sushi. Tu préfères quoi ? Chut ?

– …

– Alors ? Alors, dépêche !

– Pour la BD, le mieux c'est Sushi. Mais dans la vraie vie, Chut, c'est super mignon, surtout pour un hamster doré.

– Maman me dit il faut qu'on y aille, alors j'y vais.

Sasha écarte le rideau, ouvre la fenêtre en grand et respire. L'air sent le linge propre. Les sommets alpins.

En bas, elle aperçoit sa sœur, qui agite le bras en direction de la porte d'entrée. Sa mère sort précipitamment. Elle tend son cartable à Elsa et la prend par la main pour sortir de l'allée et traverser la route. Sasha a toujours un coup au cœur à ces moments-là.

Elle laisse la fenêtre entrouverte et déambule dans sa chambre. Des préoccupations nouvelles la cueillent. Comme si le mince courant d'air frais provenant des vitres ouvertes l'appelait vers l'extérieur.

Elle se demande si Chut le hamster est déjà arrivé. Où vont-elles l'installer? Ont-elles déjà acheté la nourriture, la grande cage avec des jeux pour l'occuper? Elle ne sait rien sur les hamsters, mais elle a une folle envie de dessiner l'animal. Il faut qu'elle regarde un modèle sur Internet.

Elle enjambe la pile de vêtements qui traînent par terre en attendant d'être lavés, gagne son bureau et saisit son carnet à croquis. Elle cherche dans Google « hamster ».

Petit museau, tout petit cerveau, grande mâchoire et grandes oreilles.

– Une vraie tête d'intello, ironise-t-elle.

Elle éprouve un mélange de compassion et d'agacement. Un rire lui échappe. Le premier depuis si longtemps.

Elle dessine les deux petits yeux noirs, les oreilles rondes, les deux quenottes.

– Bonjour, Chut.

Ding. Sur le groupe Porte H, les messages se suivent à la chaîne.

Petrus
On sort toujours demain ? Et si on changeait de café ?

Tim
Pourquoi on continue de se donner rendez-vous ? Flemme. J'ai plus la foi.

Lila
Pourquoi ? Mais parce que je suis sortie !
Ça a été atroce, atroce mon gars.
Je suis pas guérie, mais ça vaut le coup, je crois.

Tim
Oui, bon, OK alors… Hadrien, est-ce que tu es toujours d'accord pour m'accompagner ?

Sasha lit les messages, les uns après les autres, caressant Mochi qui dort sur ses genoux. Elle arrive en bas de la conversation quand soudain s'affiche en petites lettres « Hadrien a quitté le groupe ».

Tim
Eh, oh, Hadrien ? WTF ?

CHAPITRE 17

Petrus
C'est pas la peine, banane, il est parti.

Tim
Il crée un groupe et il le quitte ?

Lila
C'est une fausse manip. Attendons. Il va revenir.

Petrus
Ou bien non.

Lila
Quoi « ou bien non » ?

Petrus
C'est pas une fausse manip.

La main de Sasha se fige sur l'échine de Mochi, tandis que continuent de déferler les messages d'incompréhension, les théories sur le départ d'Hadrien et les émojis : goutte au front, yeux en croix.

PRISONNIÈRE : C'est de ma faute.

GARDIENNE : Tu peux arrêter deux minutes d'être autocentrée ?

PRISONNIÈRE : J'arrive dans un groupe et le mec se barre au bout de quelques semaines.

GARDIENNE : Oui, et ?

PRISONNIÈRE : Et ? Je fous le bordel partout où je m'incruste.

GARDIENNE : Quel orgueil ! Le mec s'est peut-être barré parce qu'il s'ennuie.

PRISONNIÈRE : Ça m'étonnerait.

GARDIENNE : Et tu ne fous pas le bordel, t'as quasiment rien écrit sur ce groupe.

PRISONNIÈRE : Tu as raison. Je fous pas le bordel, je fous la mort.

Sasha ne réfléchit plus et pianote :

Salut, vous inquiétez pas, je vais l'appeler.

Elle les voit tous en train d'écrire pour lui répondre. Petits points gesticulants.

Tim
Sasha ? C'est bien toi ? On t'avait pas entendue depuis des lustres !

CHAPITRE 17

Lila
Mais… ?

Petrus
D'accord. Mais quand ?

Tim
Sasha, tu réponds ?

Sasha
Demain. Je vais l'appeler demain. Il faut lui laisser du temps.

Lila
Tiens-nous au courant.

Elle ajoute un pouce levé. Hésite, commence à écrire : « Personne ne quitte ce groupe en attendant, svp. » Elle se relit, se trouve pathétique, actionne la touche *suppr* jusqu'à disparition du P majuscule.

Elle serre Poolpy contre son ventre. Elle grimace. Ça brûle, ça tiraille, demain elle aura ses règles, c'est couru d'avance. Mais il n'y a pas que ça. Un autre nœud la gêne, en haut, près du sternum. Elle s'inquiète pour Hadrien. Plus qu'à attendre.

***

À son bureau, elle fignole les moustaches de Chut, alias Sushi, et reprend son storyboard. Sa bande dessinée est une histoire rocambolesque à mi-chemin entre les romans de Murakami et les *101 Dalmatiens*. Elsa a imaginé l'histoire de deux sœurs, Aru et Ponyo, qui tentent de sauver de pauvres chats menacés par de sinistres malfrats. Vêtues de leur cape magique, elles volent d'immeuble en immeuble avec une agilité surhumaine pour récupérer les félins en danger. Mais seule la plus âgée, un être un peu bizarre, parfaitement mutique, doté d'oreilles pointues, peut réellement comprendre leur langue, le miaouwah.

L'été avant le lycée, Sasha avait commencé à dessiner quelques planches, qu'elle avait scannées, retravaillées sur sa tablette et envoyées à mamie Martine, qui, après des flopées de cœurs enthousiastes, proposait aussi des ajustements précis, des recommandations pour équilibrer l'ombre et la lumière.

Sasha attrape son crayon, et entreprend de dessiner la silhouette d'un escogriffe. C'est ainsi qu'elle imagine l'un des méchants : un homme grand, avec une allure molle. Mais le résultat est trop proche de Gru dans *Moi, moche et méchant*, il faut peut-être lui raccourcir le nez. Oui, un gros nez plat. Mamie Martine aurait une idée. C'est sûr.

Avec ses crayons, elle oublie tout. C'est tout à fait étrange. Ça chante dans sa tête. Ça chante juste. L'astéroïde B.612 devient alors ce ventre chaud, vivant, pulsatile, ce ventre où elle se sent merveilleusement bien. Sa maison, bien chauffée, remplie de petits bruits apaisants. Une maison qui respire et où elle respire.

Ça n'est pas que le temps passe plus vite, c'est qu'il n'existe plus.

Elle commence son dessin et se retrouve, trois heures plus tard, au même endroit, avec le sentiment d'avoir rêvé les yeux grands ouverts.

Elle jette un œil à son téléphone, dont elle avait activé le mode silencieux. Elle a reçu un message d'Hadrien.

Hadrien
Sasha, pardonne-moi.

Son cœur se met à battre plus vite, elle observe ce mot. Le lit, le relit. Que veut-il dire ?

Sasha
Je t'appelle demain. Si tu es d'accord, bien sûr.

Hadrien
Vraiment, je suis désolé. C'est un pur hasard.

Sasha
Tu parles de quoi ?

Hadrien
Je t'expliquerai...

Elle hésite à enfourcher son vélo, force 15.
Elle reprend son crayon.

MIFASOL, MIFASOL, MIFASOL, MIREMIDO.

Le nom de Manon Roger s'affiche sur l'écran de son portable. Depuis combien de temps n'a-t-elle pas entendu sa sonnerie ? Depuis quand une psy se permet-elle de téléphoner à sa patiente ?

Sasha est agacée, elle se sent agressée. Elle ne peut pas lui envoyer un SMS comme tout le monde ?

MIFASOL, MIFASOL, MIFASOL, MIREMIDO.

Ça sonne dans le vide. La messagerie s'enclenche. Au bout d'une minute, une notification survient : Manon Roger lui a laissé un mot sur la boîte vocale.

Sasha inspire et se décide à composer le 888.

CHAPITRE 17

« Bonjour Sasha, dit Manon Roger. Il faut absolument que je te parle. Écoute mon message jusqu'au bout s'il te plaît. »

La voix de Manon Roger semble moins guillerette que d'habitude.

« Je t'ai parlé de mon fils, n'est-ce pas ? »

GARDIENNE : Elle va te dire que c'est un *fake*.

PRISONNIÈRE : J'ai toujours pensé qu'elle avait pas une tête de mère.

« C'est lui qui m'a parlé de la page Facebook. La page Porte H, celle que je t'ai recommandée, dès le premier jour. Il m'a dit que ce contact avec les autres lui avait fait tellement de bien. J'y suis allée, quelques fois, pour vérifier. La fiabilité des organisateurs, la bienveillance des commentaires. Je l'ai conseillée, cette page, à plusieurs patients. Dont toi. Mais... Je pensais que mon fils n'y était plus. Tu comprends ? J'étais loin d'imaginer qu'il avait lui-même créé un groupe et que vous alliez vous parler... »

Le sang bourdonne aux oreilles de Sasha. C'est lui. Voilà. Elle comprend. *Clic clic.* Re-cliquètement de bracelets yogi à l'autre bout du fil.

« Hadrien est mon fils. Hier, il m'a parlé de votre petit groupe sur WhatsApp. J'ai trouvé ça formidable.

Et puis, soudain, il m'a parlé d'une fille... Je t'ai vite reconnue... Tu imagines bien comme j'ai été embêtée. Je veux que tu saches que je n'ai jamais parlé de toi à Hadrien, je ne lui parle d'aucun de mes patients. J'aimerais que tu me croies... »

GARDIENNE : Son fils...

PRISONNIÈRE : Mon cœur bat trop vite. Il va s'emballer puis s'arrêter.

GARDIENNE : Tu sais bien que non.

PRISONNIÈRE : Pourquoi j'ai les yeux qui s'embuent ? C'est pas une réaction normale, ça.

GARDIENNE : Le jour où t'auras des réactions normales, tu me préviens.

La voix de Manon Roger reprend :

« Sasha, j'espère que tu écoutes ce message... J'imagine comme tu es en colère. Ou agacée. Ou indignée. Ou les trois à la fois. Et je te comprends. Mais la vie, c'est ça aussi. Elle est imprévisible. Tordue. Tu sais, l'histoire des deux droites parallèles qui ne se touchent jamais, ça n'existe que dans les théorèmes et dans les livres. Dans la vraie vie, à l'extérieur, les trajectoires se croisent, se heurtent, se bousculent. Des gens qui n'auraient jamais dû se rencontrer finissent par se retrouver, même à l'autre bout du monde. Les choses qui n'auraient mathématiquement pas dû se produire, eh bien, ça arrive aussi. Si je te dis ça, et tu m'excuseras de faire un brin de morale, c'est juste pour te dire : pardon pour ce hasard. Mais à l'extérieur, on est bousculé par des vents contraires, ça arrive plus souvent qu'on ne le croit. »

PRISONNIÈRE : Dans deux secondes elle te ressort Hermès, le dieu Bullshit.

GARDIENNE : Les vents peuvent être contraires. Hermès ne prévoit pas forcément tout ce qui va se passer, à l'extérieur. Le vent peut être doux, violent, sucré...

« Tu sais, Sasha, la brise, la bise, la tramontane, les typhons... Ce n'est que du vocabulaire de météorologue. Il existe bien d'autres types de vents, en réalité. Moi, je te parle du vent-cadeau, du vent-dans-les-cheveux, du vent-qui-murmure-à-ton-oreille, de celui qui te crie "Va-t'en d'ici", de celui qui te fait sortir des rails – celui que je préfère. Alors, oui, parfois, il nous met à terre. Mais quand il nous emporte sur un coup de tête à Rome, à Bali, dans une histoire d'amour folle... Eh bien crois-moi, il te fait comprendre que ça vaut la peine... Ça vaut mille fois la peine de sortir. »

Chapitre 18

Aéroport Roissy-Charles-de-Gaulle, 23 avril 2023

Ses parents sont venus la chercher au terminal 1. Elle les aperçoit derrière la vitre en entrant dans la zone des bagages. Ils se tiennent côte à côte, sa mère, les mains dans les poches de sa veste chocolat, les yeux encore plus grands que d'habitude, son père, bras croisés, l'attitude résolument fermée.

Elle les rejoint, sa mère l'enlace longuement. Puis ils descendent au – 3, dans le parking, et s'engouffrent dans la voiture. À l'intérieur du véhicule, ça sent toujours la même odeur de skaï réchauffé, d'essence et de parfum à la violette.

Sasha a un petit choc. Ainsi, un drame peut survenir à l'autre bout de la Terre, ça ne change décidément ni la face ni l'odeur du monde.

De ce petit monde bien tranquille de la famille Vautier.

Le voyage du retour dans la voiture est ponctué de petits claquements de langue et soupirs navrés de son père, et d'une flopée de mots rassurants de sa mère. Pfff... Quand même, y a pas idée. Ahlala, ma chérie. Championne, tu vas te reprendre. On va te chouchouter, n'écoute pas ton père. Mouais.

Ils roulent sur l'autoroute et Sasha se laisse bercer par le mouvement de la voiture. Elle est épuisée. Ces dernières nuits, elle n'est pas parvenue à dormir. Elle est sur le point de s'assoupir quand le timbre métallique de son père résonne :

– Tu sais, Sasha... Je voulais te dire.

Elle lève la main.

– Non, papa, s'il te plaît, non.

– Tu penses que tu as vécu ton grand amour mais...

– Chut, Nicolas, elle t'a dit non, renchérit la mère.

– Tu n'as que 15 ans...

Sasha voit le profil de sa mère se dessiner devant elle sur le siège passager, les yeux écarquillés d'énervement.

– C'est vrai quoi, je peux plus rien dire ? Elle va en faire d'autres, des rencontres. En France.

SASHA 1 : Tu as entendu comme moi ?

SASHA 2 : Plus t'essaies de le bâillonner, plus il lâche les vannes. Il est incorrigible.

CHAPITRE 18

SASHA 1 : Je ne les supporte plus. Même maman et ses phrases toutes faites.

Pendant le restant du trajet, Sasha a enfoncé ses écouteurs dans ses oreilles et prié pour parvenir à échapper au souffle glacial qui l'a saisie, dès la sortie de l'avion. Depuis quelques jours, elle est talonnée par un animal bizarre, furieux, qu'il faut tenir en respect. À l'atterrissage, la bête s'est faite plus pressante encore. Elle est là, sur la banquette, à côté d'elle. Sasha doit batailler de toutes ses forces pour la calmer, l'endormir, tenter de la faire disparaître. Il en est encore temps.

Arrivée devant la maison, elle pousse le portail blanc avec fébrilité et sent la bête haleter derrière elle. Elle grimpe les marches de l'escalier quatre à quatre, crie « Je vais me reposer », et place le coffre en bois contre sa porte.

Si le monstre met une patte dans sa chambre, elle est foutue.

Elle a contemplé ses rideaux en soie damassée rose et violet, a parfumé la pièce avec un bâton d'encens, un cadeau de Bahia pour ses 15 ans. Elle a ensuite décapsulé la canette de Coca glanée dans le frigo avant de s'installer devant un épisode de *Breaking Bad* en sirotant le soda.

L'animal s'est éloigné à pas feutrés, elle s'est remise à respirer.

Après avoir refermé son ordinateur, elle entreprend de défaire sa valise. En rangeant ses affaires, elle détaille sa chambre du regard. Elle n'en revient pas. Rien n'a changé. Sur son bureau, il y a son devoir de français sur Rimbaud, les feuilles cornées, noté 17,5/20. La professeure avait pris son temps, mais cela valait le coup, elle avait jugé que Sasha avait fait un « Excellent travail ».

Il y a aussi les esquisses de Bahia, un portrait d'elle au stylo à bille qu'elle a affiché au-dessus de son bureau. Chaque objet est à sa place. Sa salle d'eau est impeccable. Immaculée et lustrée. Pas un cheveu dans le lavabo.

Elle rallume son portable, d'où s'échappe une salve de notifications. Elle les ignore, se glisse tout habillée sous sa couette épaisse aux imprimés de palmiers vert tendre, attrape Poolpy, la serre contre elle et s'imagine, comme quand elle avait 6 ans, dériver au loin, sur son astéroïde ou son bateau.

Elle reprend son téléphone et voit que Bahia lui a envoyé un SMS. Elle propose de lui téléphoner. Sasha écrit en retour :

Je te rappelle.

CHAPITRE 18

Mais elle ne doit pas bouger. L'animal qui la pourchasse peut se faufiler entre deux souvenirs.

Ne pas bouger.

Un peu plus tard, elle fait défiler sur son écran les photos de Berlin.

Markus.

Elle zoome sur la joue droite, sur la fossette. Elle se relève, attrape son carnet de croquis dans son tiroir, et entreprend de dessiner la bouche et le sourire de Markus. Mais ce qui est imprimé dans sa rétine, c'est le visage pâle entre des draps d'hôpital.

Qu'est-il devenu dans son tiroir réfrigéré ? A-t-il commencé à se décomposer ? Est-il déjà méconnaissable ? Non. Ne pas y penser.

Elle voit les posts de Daria sur Instagram. Une photo de Cruella, la diablesse des *101 Dalmatiens* accompagnée de la légende « Ne pas approcher la sorcière, elle tue à distance ».

Quand il est temps de retourner au lycée, elle tremble, assise sur le rebord de son lit.

– Tu vas être en retard, ma chérie, lui dit gentiment sa mère.

– J'irai cet après-midi, maman. Là, j'ai envie de vomir.

Elle tente bien d'y retourner. Sur TikTok, une influenceuse qui a souffert de phobie scolaire partage une astuce : « Pour éviter de penser, je compte mes pas. »

Sasha fait de même. À l'endroit, à l'envers. Ça l'aide quelques temps, et puis un jour, à mi-chemin, elle croise Zoé.

– Salut, comment ça va ? lance avec hésitation la comparse de Daria.

Coupée dans son élan, Sasha s'arrête net, au milieu du gué, à découvert.

Zoé n'a pas osé s'arrêter. Elle est déjà repartie sur ses pas de ballerine.

Sasha lève les yeux. Les nuages semblent lui foncer dessus. Le ciel est prêt à l'engloutir.

Le souffle court, elle appuie les mains sur ses cuisses, se repliant sur elle-même. Elle tente d'inspirer, mais c'est comme si l'air était devenu toxique, empoisonné.

C'est quoi cette planète qu'elle ne reconnaît plus ? Cette planète habitée par des gens hostiles, par des visages qui, de plus en plus souvent, ont des yeux creux et des pommettes saillantes ?

Sans très bien savoir comment, elle rentre chez elle en courant et grimpe l'escalier. Comme à son retour en France, elle s'enferme dans sa chambre et pousse le coffre en bois contre la cloison. Ne rien laisser passer sous la porte. Pas le moindre souffle d'air. Pas le moindre souffle de vie.

Les jours se sont succédé les uns derrière les autres. Le coffre est resté contre la porte.

Descendre le store, tirer les rideaux, s'allonger sur le lit, le casque sur les oreilles, observer les mouvements de respiration de son ventre, la montée, la descente, parler avec Poolpy.

Ouvrir, parfois, à Elsa.

Répondre, parfois, aux mails d'Anita.

Décrypter les longs mails de Birgit. Lui répondre par un smiley ou deux.

Lire les lettres, ouvrir les petits cadeaux de Bahia que sa mère laisse devant sa porte.

S'endormir, presque. S'endormir toujours en écoutant les podcasts de la série « Transfert ».

Être bien, être seule.

Au début, c'était cela.

Repos, récupération.

Demain, j'irai en cours. Demain, la vie reprend. Demain, JE me reprends.

À l'appel de ses parents, Sasha descend encore l'escalier, se glisse à table, répond aux questions. *Oui, elle a bien repris. Oui, oui, elle s'est rendue en cours après leur départ. Non, pas de notes, encore. On lui épargne ça.*

Sa mère hoche la tête :

– C'est bien. Tu as un petit traitement de faveur, c'est bien normal.

– Hmmm, répond son père.

Sa mère pose sa main sur le bras de son père.

Et puis un jour, un mail arrive directement dans la boîte de la mère de Sasha.

> Chère Madame Vautier,
> Nous vous informons par ce message que votre fille, Sasha Vautier, ne s'est pas rendue aux cours suivants…

Suit une liste d'une quarantaine de cours manqués.

Cours de mathématiques

Cours d'anglais

Cours d'allemand…

Tous les cours depuis début mai.

Son père s'en offusque au dîner.

– Ils n'ont pas encore compris qu'elle était rentrée. Au lieu de comptabiliser les retards, ces imbéciles, ils ne l'ont pas enregistrée de toute la journée. C'est n'importe quoi, tu parles d'un lycée d'excellence.

Il repose sa fourchette sur le bord de son assiette et se ressert un verre de vin avant de s'adresser à Sasha.

– Dis donc, Championne, il faut absolument résoudre ça, sinon t'es mal barrée pour ton dossier. Les absences, ça te suit toute ta vie. Une seule absence peut t'interdire l'accès à une très bonne prépa. Ce serait ballot.

Sasha fixe son assiette sans rien dire, paralysée par les mots tranchants de son père. Ce dernier a un geste brusque.

– Tu m'entends ? Tu m'entends, Sasha ?

Elle continue de faire tourner sa fourchette dans son assiette à peine entamée. Elsa lui lance un petit coup d'œil surpris. Son silence inquiète sa mère, qui se tourne vers elle les yeux brillants. Son père est une masse de colère en pleine expansion.

– Sasha, dis-moi que tu es allée en cours, hein ? PUTAIN, ELLE A SÉCHÉ. ELLE A SÉCHÉ DES JOURNÉES ENTIÈRES !

– Papa, arrête de crier ! supplie Sasha.

Pour elle, c'est un pas de plus dans l'obscurité.

Le lendemain, sa mère lui monte son premier plateau. Son père lui glisse des encouragements depuis le palier. « Allez, Championne, tu vas y arriver. Allez, Princesse, tu me déçois, là. Ne me déçois pas. »

Les petites voix qui l'accompagnent depuis des années se sont changées à ce moment-là en Gardienne et Prisonnière. Le dialogue se poursuit, seuls les protagonistes changent. Car, au fond, n'avait-il pas toujours été question d'opposer la Sasha éprise de liberté à celle qui craint le bruit du monde, les exigences de l'école, et la folie d'un père ? Voilà qu'il lui ordonnait de ne pas le décevoir...

GARDIENNE : Sans blague, *Dad*, sans blague...
PRISONNIÈRE : Tu le déçois, t'es pas mortifiée ?
GARDIENNE : Le décevoir de quoi ? De ce que je n'ai pas fait ? Mais qu'est-ce qu'il me demande ? Pourquoi tu m'as faite, au juste, papa ?

– Allez, je compte jusqu'à trois, dit son père chaque matin. Tu te lèves et tu te prépares. Tu peux encore y arriver.

PRISONNIÈRE : Tu pourrais compter jusqu'à 3 000 que j'irais pas ouvrir la porte pour foutre les pieds dans un lycée où on me traite de sorcière. Ça, non. Fiche-moi la paix.

CHAPITRE 18

– C'est tellement dommage, répète son père. Tu as tout pour réussir. Autant de talent gâché. Tu es si brillante. J'attendais autre chose de toi. Dès que tu touches à quelque chose tu réussis. Tu te souviens ? Le piano, le dessin.

Parfois, il tambourine en hurlant :

– TU OUVRES LA PORTE, BON SANG ! TU ARRÊTES DE FERMER TA GUEULE, TU RÉPONDS !

Sasha entend alors sa mère répondre, la voix étranglée de larmes :

– Elle a besoin de temps. Après tout ce qu'elle a vécu. Est-ce qu'une fille de 15 ans peut vivre un drame pareil ? Est-ce que c'est normal ?

– Elle n'a pas fait la guerre tout de même, rétorque son père. Elle a fait vœu de silence, la bonne sœur ?

– Pourquoi tout ça lui est tombé dessus, tu as compris toi ? Le harcèlement, et maintenant... Ça, cet accident ! Ce serait dans un roman, on n'y croirait pas. Pourquoi elle ?

Sasha suspend sa respiration.

PRISONNIÈRE : Attends de voir ce qu'il va encore te sortir, le père.

GARDIENNE : Ils vont le dire, eux aussi, que t'es une SORCIÈRE ?

Pourquoi moi ? se demande Sasha tout aussi souvent que ses parents. *Parce que… il existe le cercle vicieux des choses. Ça démarre mal. Et puis ça reprend. Et puis ça redémarre mal.*

Je ne peux pas sortir parce que j'ai peur.

Sasha s'emmure dans le silence. Elle s'efforce de ne rien laisser passer derrière la porte. Pas le moindre toussotement, pas le moindre reniflement. Pas même l'ombre d'un ultrason.

La mère de Sasha frappe à sa porte, environ dix fois par jour. *Sasha, comment ça va. Sasha, viens on va acheter une baguette. Viens, on va faire des courses. Sasha, je t'emmène dans une friperie, tu vas adorer.*

Combien de pas ? se demande alors l'adolescente. Combien de pas jusqu'au bus, puis jusqu'à la friperie ? Existe-t-il un endroit où elle puisse être en sécurité si ça se passe mal ? Combien de regards des autres, combien de visages à croiser sur le chemin, que répondre au vendeur ou à la vendeuse si elle était obligée de se réfugier dans la cabine d'essayage ? Non, non, non, je ne peux pas.

CHAPITRE 18

Elle ne répond rien, et sa mère finit par se lasser. Les journées s'enchaînent les unes après les autres.

Au bout de combien de temps n'a-t-elle même plus essayé de pousser la porte, franchir le gué ? Se retrouver dehors, à l'air libre ?

La dernière fois, elle a eu l'impression de marcher à reculons ; l'impression que son buste était tiré vers l'arrière comme une voile à contrevent. Dans sa gorge, une boule qui enflait, dans sa poitrine un cœur prêt à exploser.

Sasha s'est progressivement installée sur son petit astéroïde, rompant un à un les fils qui la reliaient à la Terre.

Elle ne sortirait plus jamais.

Elle ne sait pas que sa mère, elle, se torture avec des questions sans réponses. Avait-elle eu raison de la laisser tranquille ? N'aurait-elle pas dû, comme le père de Sasha l'avait suggéré, démonter cette porte, la tirer par le bras et l'obliger à sortir ?

Chapitre 19

11 avril 2024

De Nicolas Vautier à Sasha Vautier

« Bonjour ma fille, bonjour Sasha,

C'est ton papa qui te parle. Ton tocard de père, ton balourd de paternel. Ton papa relou, comme tu dirais.

Est-ce que tu es au courant que j'ai quitté la maison il y a deux semaines ? J'ai été viré. Et voilà, j'ai pris mes cliques et mes claques, comme aurait dit ta Granny que je regrette tous les jours, et je suis parti avec mon baluchon sur l'épaule. Oh, pas loin, tu sais, juste à côté de la gare.

Un petit truc, presque en colocation. C'est tout ce que j'ai trouvé pour l'instant. J'ai passé une nuit à l'hôtel et ensuite j'ai loué ce petit Airbnb, avec une grande chambre. Le proprio rentre le week-end, donc je suis seul la semaine, c'est idéal pour cogiter. Et le week-end, je me débrouille pour passer mes journées à Fontainebleau. Je me suis inscrit à un club de varappe, là-bas, il m'arrive de dormir le samedi soir sur place.

J'espère, ma puce, que dans ta chambre tu as été épargnée. Que tu n'as pas trop entendu les disputes et les trucs pas cool entre les adultes. Entre tes vieux parents. C'est vraiment moche de faire valser le cristal comme ça, alors qu'on serait mieux à trinquer, hein, ensemble. Mais c'est comme ça, que veux-tu. On veut réussir, et parfois, ça cloche. On aimerait sauver son mariage et, au contraire, tout explose. C'est vrai que la situation que nous vivons depuis un an a fait de nous des gens bien abîmés. Des parents coupables, surtout. De ceux auxquels je n'aurais jamais voulu ressembler. Ma princesse, je ne t'accuse pas, chacun fait ce qu'il veut, ce qu'il peut. Mais ton silence, tout là-haut, n'a pas apporté que du bon, tout en bas.

Est-ce que tu sais que je me souviens de tout ? De quand tu étais petite, de tes petits pieds sur le carrelage de la cuisine, des crêpes pour lesquelles tu étais la préposée à la pâte à tartiner, de l'école, où tu voulais absolument aller. Puis où tu ne voulais plus du tout aller. Très tôt, tu as voulu t'échapper. C'était curieux, cette envie de grandir et de nous quitter. Tu as délaissé ton biberon à 3 mois, tu aurais vu ta petite tête de bourrique, on te le présentait, et tu te dévissais le cou – non non non. À 13 ans, tu t'es enfuie seule de la colonie de vacances. Et nous, on était là, on t'attendait avec maman. Tu as pris une bonne engueulade en rentrant. Déjà, à ce moment-là, tu ne voulais plus entendre parler de nous, pas vrai ? Surtout de moi, je crois bien, Princesse. Surtout de moi. Moi et ma sale caboche.

Je m'en veux. Évidemment que je m'en veux.

Je n'ai pas su être autre chose que ce fichu fonctionnaire de mairie. Ce bouffon grisonnant et gesticulant. Je n'ai pas su être autre chose que ce fils d'officier de marine, qui recevait une bonne raclée quand il rentrait de son internat, le week-end, avec des notes moyennes. Tu sais ce qu'étaient les notes moyennes pour mon père, ton Grandpa ? 16/20 jusqu'à 18. À partir de 18, je pouvais commencer à espérer ne pas me faire rosser. Tu ne l'as pas connu, cet homme, il est mort à 49 ans d'un brutal arrêt du cœur. En pleine rue, sur le trottoir, hop, comme s'il avait été flingué. Il m'a beaucoup manqué. Aujourd'hui, c'est lui qui me met en colère. Il est parti avant d'avoir eu le temps de s'excuser. Cet homme-là, comme tant d'autres, était un bloc de glace. Rien de doux en lui, rien de tendre.

Il aurait très certainement gagné à vieillir, tu sais, les vieilles carnes parfois s'attendrissent comme du bon beurre. Ou se bonifient comme le bon vin, un peu moins acide, un peu plus sucré. Ça n'a pas été le cas. Quand il est mort, eh bien, je me suis mis au garde-à-vous.

Il paraît que je n'étais pas comme ça, aussi dur, avant votre naissance, à toutes les deux. Quand tu es née, j'étais le plus heureux des hommes, mais quelque chose en moi s'est mis en branle. Est-ce que c'était le fantôme de mon père ? C'était un petit diable qui parlait en moi.

Oh, ça fait longtemps que ça me trotte dans la tête, tout ça. Mais tout s'est mis au clair le soir où, avec ta mère, on s'est retrouvés dans un cercle de parole, les parents de hikikomori. Des vrais dingos. Tu aurais vu ça... Ça se passe en plein Paris, dans le huitième, quartier chicos. C'est ta mère qui a insisté pour que je vienne. T'aurais vu les tronches des parents. Tous des ratés. Beaucoup ne savaient pas ce qui s'était passé. Il y en a même une qui a dit qu'elle a sorti le frigo dans le jardin, pour que son môme sorte prendre l'air deux fois par jour. Je te fiche mon billet qu'il n'est pas sorti, pas si bête. La mère a tenu deux jours puis a dû rentrer le frigo. Ça ne servait à rien. Je ricane, mais c'est à pleurer, pas vrai ?

CHAPITRE 19

On nous a dit que vous aviez peur. Peur d'échouer, peur de prendre le monde en face, comme un mur, en pleine gueule. Encore plus peur depuis l'accélération de ce putain de réchauffement climatique. Je me suis regardé dans la glace en rentrant à la maison. Et j'ai failli me cracher dessus, je te jure. Qu'est-ce qu'on a pu faire pour vous laisser flipper comme ça ? Qu'est-ce qu'on pourrait faire pour vous protéger ? C'est ce que j'ai dit, au beau milieu du groupe de parole. "Arrêtez de vous lamenter, ma fille est coincée depuis dix mois, trouvons des solutions ! Allez, je vous écoute." Sur ce, l'animatrice m'a demandé de me calmer. Elle a parlé de bienveillance... Je parie qu'elle ne voudra plus m'accueillir maintenant.

Je suis parti avec l'album photos de ta naissance, tu sais. Et j'ai des milliers de photos de toi sur mon téléphone. Il y en a une que j'adore, tu plisses les yeux et tu souris, il te manque deux incisives. C'était le bon temps.

Je te promets, ma fille, si tu veux qu'on se voie, si tu veux m'appeler, je te raconterai mon enfance, tout ce qui a pu faire ce que je suis. Et pourquoi, moi aussi, j'ai l'impression d'être enfermé. J'ai l'impression que je n'ai pas su être autre chose que le fils de mon père. J'espère qu'avec mon départ, tu parviendras à sortir. C'est ce que je souhaite le plus au monde. Je ne suis plus là, en bas, à compter le nombre de jours où tu n'es pas sortie, je te promets, sens-toi libre. Tu peux aller et venir, même cinq minutes. On a bien compris. Maman non plus ne sera pas en bas, à te regarder. Fais comme tu le sens.

Écoute ton cœur. Si tu as besoin de mon bras, pour sortir dans la rue, pour faire une petite promenade à Fontainebleau, le mien est fort comme un chêne. Ça, au moins, je peux te le garantir.

J'ai un bras très musclé, qui peut te tenir bien droite quand le vent souffle dehors. Ou que le tremblement de terre menace. Je t'assure, j'ai un putain de bras de fils de militaire, c'est déjà ça.

Pardonne-moi ma princesse,

Ton papa qui t'aime.

PS : Je ne te propose pas de venir te voir. J'attendrai. Ta maman m'a dit que je ne devais plus te parler d'avenir. Alors je ne te parle que du présent. Profite, profite, profite. C'est le printemps, j'entends les gazouillis. »

Chapitre 20

Dans la chambre, 13 avril 2024

Sasha a longuement hésité. Comment reprendre contact quand on s'est tu si longtemps ? Depuis quelques jours, sa muraille se fissure. Les barrières ne semblent plus infranchissables. Alors elle prend son ordinateur et commence son message en allemand.

Sasha Vautier
À Anita Habel

Bonjour Anita,

Comment est-on censé parler de l'anniversaire de la mort de quelqu'un ?

Premier anniversaire de la mort. On devrait trouver un mot pour ça. Morniversaire ? Un mélange de « mort » et « anniversaire ». Ou mourniversaire. *To mourn* : faire le deuil.

On dit que le deuil dure un an, mais pourquoi est-ce qu'il le faudrait ? J'ai envie d'envoyer un mail à

Markus, figure-toi. J'aimerais lui dire que je ne l'oublie pas. Que je n'ai pas voulu laisser le chagrin m'attraper. Que j'ai essayé de ne pas penser à lui. Que j'ai vécu dans le silence, juste pour ça.

Quand ça ira mieux, je te promets, je viendrai te voir à Berlin.

Oui, je sais, je ne réponds que maintenant. Ça m'a pris du temps pour avoir la force de dire tout ce que j'ai sur le cœur.

Je t'envoie une photo de mon petit chat. Il s'appelle Mochi, il a trois mois. Il est doux à l'extérieur, tendre à l'intérieur. Comme quelqu'un que je connais...

Je t'envoie aussi un portrait de Markus. Je l'ai dessiné il y a quelques mois déjà. J'aimerais bien que tu l'offres à tes parents. J'espère qu'ils vont bien et toi aussi.

Je pense à vous, et je pense à mon *inyeon*.

Toujours.

Sasha.

Hadrien n'a pas donné signe de vie aux membres du groupe depuis plusieurs jours. Porte H est désormais composé d'éléments isolés privés de leur administrateur et guide. Devant l'afflux d'émojis de détresse et autres points d'interrogations, la « Sasha bonne élève » se réveille.

CHAPITRE 20

Elle explique ce qui s'est passé. À un carrefour virtuel, Hadrien, sa mère et la patiente se sont cognés. Une rencontre hasardeuse, une collision mère-fils totalement improbable, mais qui se produit quand on fréquente d'aussi petits milieux que la planète des Hikis.

Sasha
C'est à moi de sortir du groupe, finalement, et
c'est à Hadrien de revenir. Je suis la dernière
arrivée, en plus. J'ai plus rien à faire là.

Lila
Non, c'est idiot. On n'est pas des psys,
on ne se doit rien. La seule éthique, ici,
c'est l'amitié, non ? C'est la bienveillance.
On s'en fout, de ta psy, Sasha.

Petrus
Elle a raison, Sasha, reste. Hadrien va
revenir un de ces jours. Je le connais, Had.
Il joue les Musclor, mais au fond, il a besoin
de nous. Les gens solides comme lui,
ils ont besoin des potos faiblards.
Vous croyez pas ?

Tim
Yep, pas faux. Faut changer de nom. Porte H sans Hadrien ça n'a plus de sens.

Lila
Tu proposes quoi ?

Tim
Porte D, comme « Dehors » ?

Lila
Bof. « Direction La Lune » ?

Tim
« Tous sur Mars » ?

Lila
C'est parti ! Tous sur Mars !

Petrus
Les gars, on ne peut pas changer le nom du groupe sans Hadrien. Ce serait l'abandonner...

Sasha
On peut créer un autre groupe.

On recommence à zéro. En mieux. Je peux le faire. Et on invite Hadrien. Ça pourrait être « Planète inconnue » ou « Astéroïde B.612 » ? Par exemple.

Lila
Bof...

Sasha
Et pourquoi pas « Hermès », le dieu des voyageurs, vous savez, celui qui a des ailes aux pieds ?

Tim
Stylé, ça, Hermès. J'aime ! C'est mon dieu préféré.

Lila
Je vote pour !

Sasha
Et si on gardait « Porte H » comme Hermès ? On n'aura même pas à trahir Hadrien !

Plusieurs pouces en l'air approuvent son message.

Sasha
Je le fais dans 30 min. Ciao.

Sasha se dirige vers son vélo d'appartement, et tourne le bouton – force 13 – flemme d'aller au-delà. En bas, elle entend les premières notes de *La Valse d'Amélie*.

PRISONNIÈRE : Bouche tes oreilles.
GARDIENNE : Tu vas bien devoir supporter la musique triste, non ? Tu aimais tellement. Une planète sans musique triste, ça vaut pas le coup.

Tchap tchap tchap. Un pied après l'autre, elle se lance dans une course immobile sur son vélo. Quinze minutes, pas une de plus. Au rez-de-chaussée, le piano continue d'émettre les notes hésitantes d'Elsa. Sasha finit par apprécier cette mélodie qui l'accompagne pendant sa séance. Sa petite sœur a suivi son conseil, ça lui fait plaisir.

Après sa douche, Sasha s'installe à son bureau. Elle prend son téléphone et ouvre WhatsApp. Mission : création du nouveau groupe. Pour la photo de profil, elle choisit un pied ailé, symbole d'Hermès, le dieu du voyage. Elle ajoute ses copains, invite

Hadrien, et reçoit immédiatement une salve d'émojis de gratitude. Pour l'instant, Hadrien n'a rien écrit. Avec le temps, il trouvera la force de revenir, Sasha en est certaine.

Un nouveau mail s'affiche sur son ordinateur ouvert devant elle.

Mamie Martine
À Sasha Vautier

Ma toute grande, ta maman m'a envoyé les photos de ta bande dessinée, de la part d'Elsa. C'est amusant comme tout !
Est-ce que Mochi va bien ? Il est moins timide ? Ne l'habitue pas trop à rester dans ta chambre. Sinon, il ne pourra plus jamais sortir. On s'habitue à tout, tu sais. Au pire comme au meilleur. On dit souvent « tout est une question d'habitude », et c'est vrai. À mon âge, eh bien, je trouve toutes les occasions pour rester chez moi. Quand je ne sors pas de la journée, le lendemain tu peux être sûre que je suis tentée de rester cloîtrée, encore. Trop fatiguée, trop ceci, trop cela. Mais je me force. Sinon, c'est le cercle vicieux. Hier, j'ai réussi à prendre le bus pour aller m'acheter une nouvelle paire de chaussures. Tu sais, des petits trotteurs, comme je dis, avec

lesquels je peux faire des kilomètres. Parfois, ça suffit pour se donner envie de sortir. Une nouvelle veste, une nouvelle écharpe. Une nouvelle couleur de cheveux. Une parka, avec de grandes poches et une capuche.

Regarde, ma puce, je t'envoie des photos en pièce jointe. Est-ce que tu n'aimerais pas une parka comme ça ? Quand on sort avec, on est protégé de tout. Invincible. Ça me ferait plaisir de te l'offrir.

P.-S. : Tu dessines vraiment bien les petits coussinets roses du chat dans ta bande dessinée. C'est un détail, mais tu as toujours aimé les détails, n'est-ce pas ? On dirait des mini-édredons, on a envie de les tâter entre le pouce et l'index. Tout le monde n'a pas ce talent, ma toute douce. Ce talent, par le dessin, de donner envie de toucher, tâter le réel. De sortir. Voyager.

As-tu commencé à lire *Les Amants du Spoutnik,* le livre que je t'ai offert ? Ça se passe sur une petite île grecque cachée de tout. Il faut prendre un avion, un bateau, un bus. Un jour, une fille disparaît de façon incompréhensible. Elle s'appelle Sumire. Elle est très jeune, on la cherche partout. Mais elle ne figure sur aucune liste de passagers, dans aucun hôtel, aucune pension. Les policiers ratissent l'île ; elle a disparu sans laisser de traces. Lis cette histoire, ma doucette.

CHAPITRE 20

Tu y verras des paysages époustouflants, la mer turquoise, le sable noir, les cris des pêcheurs qui jettent leurs filets. La chaleur terrassante sur les sentiers. Lis-le. Ça donne envie d'y aller, d'aller retrouver Sumire là-bas.

PRISONNIÈRE : Voilà. Nous y sommes. On dirait du Manon Roger.

GARDIENNE : Pousse la porte. Va au Japon ou en Grèce avec ta mamie. Qu'est-ce que tu attends ? Elle n'est pas éternelle.

PRISONNIÈRE : T'es tellement déprimante

Elle répond seulement :

Sasha Vautier
À Mamie Martine

Merci, mamie Martine.
Pour la parka, ça peut attendre, ne t'embête pas.
Je préfère, par exemple des feutres pinceaux, ça, ça serait génial.
Merci mamie.

Elle ajoute « adorée » à la fin. Elle hésite à répondre pour le roman sur la Grèce. Non. Elle ne dira rien.

Elle risque de s'emberlificoter. Elle risque la promesse sans retour.

Mochi miaule dans la salle d'eau. Sale habitude de boire au lavabo. C'est sûr, c'est un réflexe qu'il a chopé en bas. Chaton pourri gâté, grommelle Sasha.

– Et la planète, tu t'en fous, toi, hein, le sermonne-t-elle. Les réserves d'eau, tout ça, ça t'intéresse pas.

Mochi a changé ses habitudes, il ne gratte plus au bas de la porte pour sortir. Il se poste maintenant sur le rebord de la fenêtre, l'œil rivé sur le nid de pigeons juché sur l'arbre d'en face. Il y a deux jours, un pigeonneau est sorti de l'œuf, avec sa crête déplumée, son bec de travers et son gros œil vide. Et depuis, Mochi tient des heures entières, prêt à bondir sur ses pattes arrière. Sasha le taquine :

– T'as le crush, hein, Mochi ? T'es tombé amoureux d'un pigeonneau tout moche. Le plus laid des bébés oiseaux.

Sasha a récupéré Mochi ce matin. C'est son jour de garde. Il était 7 heures 30, très tôt pour un samedi. Elsa a frappé à sa porte, elle a crié :

– Sasha, j'ai Chut ! J'ai Chut dans mes mains, ouvre vite ! Tu veux le voir ?

Sasha a ouvert, presque mécaniquement, et Elsa a semblé surprise. Puis un immense sourire s'est dessiné sur le visage de la petite.

CHAPITRE 20

– Sasha, regarde… Il dort… C'est Chut.

Le petit hamster avait une truffe rose minuscule, qui palpita quand Elsa entra dans la chambre, comme s'il reniflait l'odeur de l'astéroïde B.612. Sasha sourit elle aussi, la main droite agrippée à l'encadrement de la porte.

Elle n'avait pas vu Elsa de si près depuis tant de mois. Sa petite sœur avait tellement grandi. Ses cheveux coupés court lui allaient bien.

Mochi avait filé dans le fond de la chambre après avoir dardé un œil inquiet sur le hamster.

– Mochi, sors de ta cachette, sois pas timide, dit la petite. Regarde, t'as un copain pour jouer. Au moins t'es pas tout seul, c'est mieux quand on est deux, hein ?

Le chat était revenu sur ses pas et reniflait le petit animal dans les mains d'Elsa, l'air intrigué.

– Oh, regarde Sasha, ils se font un bisou d'esquimau, regarde, c'est trop mignon.

Sasha a décollé sa main de la porte et a rejoint Elsa dans la chambre. La fillette était accroupie devant ses deux animaux chéris qui faisaient connaissance. Sasha eut un vertige devant toute cette joie rieuse, devant les yeux émerveillés de sa petite sœur. Avait-elle perdu l'habitude à ce point ? Sa tête tournait dans une chambre qui tournait, sur une Terre qui tournait dans la galaxie de l'Hypersilence.

Quand Elsa regagna la porte, Chut dans ses mains comme dans une coupelle, elle chuchota :

– Sasha tu ne fermes plus, hein ? Promis juré craché ? C'est trop triste, quand t'es pas là.

– Viens faire un câlin, comme avant, répondit juste Sasha.

Et elles étaient restées dix bonnes secondes, imbriquées l'une dans l'autre, le petit Chut au milieu d'elles dans les mains d'Elsa.

Chapitre 21

20 avril 2024

Bahia

Ma Sasha chérie, ma BF d'amour,

Je t'écris du train que j'ai attrapé ce matin, in extremis. Tu ne devineras jamais ce que je fais aujourd'hui ? Ça te dit quelque chose, les Beaux-Arts ? Je vais aller mettre mon nez là-bas, il y a des expositions d'étudiants. J'ai bien envie d'aller voir ce qu'on y fait. Le dessin, la gravure, la peinture. Tu sais, tout ce qui nous fait rêver ? Toi la première, d'ailleurs. Tu te souviens de nos ateliers « modèle vivant » ? Et les cours de BD, au musée rue de Rivoli, ça te dit quelque chose ? Ah, t'as peut-être oublié, c'était du temps où TU VIVAIS, meuf.

Sorry, ma vieille, mais ARGH, je suis en rage. JE viens à Paris, et toi, tu restes COINCÉE dans ta baraque. Tu t'en FOUS. Je viens à ta

rencontre, et je risque de ne PAS te VOIR.
Tu sais ce que je rêve de faire ? D'ARRACHER la serrure et de te tirer par les bras, pour te faire descendre l'escalier. De toutes mes forces, de toutes mes mains, j'attraperais les tiennes et hop, dehors.
Quand tu seras sortie, qu'est-ce que tu vas te dire ? Que t'étais contente de MACÉRER dans ta sueur ?
Alors, ma vieille, à peine arrivée gare du Nord, je prends le train pour chez toi, et t'as intérêt à être prête. T'as juste le temps de fourrer ton meilleur goûter dans ton putain de sac à dos avant que j'arrive. Et on se retrouve dehors.
DEHORS, t'as COMPRIS ? C'est simple, t'as PAS le choix. J'en peux plus de pas te voir. Est-ce que moi, ta Babou, je compte pour que dalle ?

Sasha lit et n'en revient pas.

Quelle conne. Quelle insupportable crétine. C'est pas Babou, ça. Ça ne peut pas être elle. Ses messages ont été piratés.

Ou bien elle s'est fait aider par une de ces coachs à deux neurones et trois synapses qui pensent que vous tenez en laisse votre chagrin et votre impuissance ?

CHAPITRE 21

Elle fulmine, une énorme colère l'envahit comme une vague de dix mètres.

Bahia, c'est la pire de toutes. La culpabilisatrice. La daronne derrière l'amie. La psy derrière la bienfaitrice.

La petite princesse parfaite *gnagnagna* qui vient vous faire la morale et vous enfonce la tête dans le sable.

C'est comme une tempête qui se déclenche en elle. Elle écrit :

> Non mais t'es sérieuse, là ? Tu penses que je peux préparer mon sac et me tirer ? Hop comme ça ?
>
> **Bahia**
> OUI ! Évidemment que tu peux te lever, prendre la porte et hop, à toi la liberté. C'est ça, la vie, ma chérie, c'est toi qui as érigé toutes ces barrières. Flanque un bon coup de talon là-dedans, putain. À quarante piges, tu seras encore dans ton colombier, à regarder la vie qui se déroule sous tes pieds.

Sasha tourne comme une furie dans sa chambre. Ça vibrionne, ça émulsionne, ça tournicote.

C'est comme si tout le dehors, le vent, la tempête, les embruns s'étaient infiltrés en elle. Un dehors fait de pluie, de grêle, de tempête, d'inconnu. De terreur. D'une vague immense qui avance comme un mur.

Pourtant, son corps ne tremble pas. Ses jambes résistent.

Elle est saisie d'une énergie colossale. Comme si elle l'avait remisée quelque part, depuis des mois, et qu'elle la retrouvait soudain, intacte, et même décuplée. Une énergie de fou, une flamme d'une puissance incroyable.

Est-ce que ses jambes vont se mettre à trembler et à s'entrechoquer ? Est-ce que son cœur va s'arrêter net ? Est-ce qu'elle sera obligée de s'allonger par terre ? Est-ce qu'on va la ramasser puis l'interner, la mettre sous camisole ?

Elle tourne et tourne et retourne, et pleure et sanglote. Une vraie folle. Le mur en elle se fissure. Elle zigzague, elle hoquette.

Elle est ridicule, bonne à enfermer. Et elle rit intérieurement de son bon mot. Bonne à enfermer.

Elle pleure tout ce qu'elle n'a pas pleuré depuis onze mois. Des ruisseaux de larmes. Le dégel. Enfin.

Les notifications s'empilent, saturent son écran. Ce doit être Bahia. *TA GUEULE*, pense-t-elle.

Elle attrape le téléphone.

CHAPITRE 21

Allez, viens. Je t'attends. Dans 10 minutes je suis chez toi. Réfléchis pas, meuf.

Une cacophonie de voix s'impose à Sasha. Gardienne et Prisonnière se laissent submerger par le raz-de-marée.

SASHA 1 : Tu l'as entendue ? Claque le doute. *You doubt you lose.*

SASHA 2 : Fais ton sac, sans penser à rien.

SASHA 3 : J'ai peur, peur peur peur.

SASHA 1 : N'écoute pas ta peur.

SASHA 4 : Fais-le pour Babou. S'il y en a une qui peut t'aider, c'est elle.

SASHA 4 bis : C'est le bordel, tu fais rentrer trop de monde, là. Il va y avoir 15 Sasha si ça continue. *Fuck* les Sasha.

SASHA 5 : Ohé, c'est moi, la Sasha avide de bonnes notes.

SASHA 6 : Moi, c'est Sasha la grande sœur.

SASHA 7 : Et moi la loseuse, la Sasha sous cloche.

SASHA 1 : STOP, toi, tu passes pas.

SASHA 2 : Tu te fais OUBLIER.

SASHA 5 : Ne fais pas entrer la Sasha de l'accident.

SASHA 1 : Claque le doute, merde, vas-y !

SASHA 5 : Je dois prévenir le groupe. C'est moi l'administratrice.

SASHA 2 : Tu leur diras après.

SASHA 1 : Réfléchis pas.

SASHA 2 : Arrête de répéter, c'est d'un pénible.

SASHA 1 : Arrête de douter. Écoute-moi. C'est bon ? Ta main. Ton bras. Ta main sur la poignée.

SASHA 2 : Ta main va entraîner ton corps tout entier.

SASHA 7 : Maison. Maman, j'ai peur.

SASHA 1 : Bahia, c'est ta maison. Babou, ton enfance.

SASHA 2 : On t'a dit de te taire, la 7.

SASHA 1 : Tu vas sortir ton chagrin de ces quatre murs, tu l'as trop vu. Tu vas le promener en laisse ce chagrin, tu vas bien le regarder, et tu sais quoi ? Tu vas lâcher la laisse.

SASHA 2 : Je veux bien que tu aimes les métaphores, mais là, c'est n'importe quoi.

SASHA 1 : C'est *NOW or NEVER*. Maintenant ou jamais. T'as compris ?

Toutes les Sasha se mettent à envahir l'espace de sa chambre. La harcelée, la terrorisée, l'ambitieuse, la dessinatrice, la peste, la pailletée, la Françoise Hardy, la Marie Laurencin, la renifleuse de fusain, la petite-fille en marinière, la fêtarde, l'amie, la cynique derrière l'empotée, Sasha la planquée, l'ogresse, la princesse, la flottante, la loseuse, l'amoureuse. C'est une meute, une cavalerie, un bataillon de Sasha.

Elles courent dans tous les sens, s'entrechoquent, se détestent, se rassemblent.

Sasha ouvre la porte, attrape la rampe de l'escalier des deux mains, elle prie pour ne croiser personne. On est samedi. Sur la table de la cuisine, elle pose sa feuille de papier :

« Je sors retrouver Bahia. Ne m'attendez pas. »

Un visage se glisse dans l'encadrement de la porte de la cuisine. Sa mère, interloquée, et ravie à la fois.

– Minette...

Pas de Minette. Pas de Puce. Pas de Ma chérie. Pas Bijou. Pas Creepy. Même pas de Sasha. Quelqu'un d'autre. Quelqu'un qui n'existe pas encore.

Par pitié, ne vous étonnez pas, ne vous émerveillez pas, n'ayez pas peur, ne nous balancez pas vos émotions comme ça, à la gueule.

N'espérez rien.

Je sors du ventre de la baleine. J'ai passé onze mois en mer, alors ça va tanguer. Forcément. Ça va cahoter, vaciller, osciller.

J'ai pas le pied marin.

J'ai pas le pied terrestre.

J'essaie juste d'ouvrir la gueule de la baleine, hop, un petit saut dans l'espace. Prendre appui sur du rien, de l'air, du vide.

Pas de projet. Pas de futur. Juste plonger.

Juste renaître.

***

Elle est dehors.

Le ciel est tout gris. Elle ouvre une bouche immense pour avaler un peu de ciel. Elle a appris de ses erreurs : ne pas se braquer. Ne pas courir. Rester trois minutes, bras ballants pour absorber le moment. Épouser la vague, épouser l'instant.

Elle se demande si Elsa l'observe, derrière la vitre.

Elle fait quelques pas. Les larmes coulent encore sur ses joues dans un curieux mélange d'excitation et d'effroi. Mais cette fois, la joie est supérieure à la peur. Et grâce à ça, elle peut s'en saisir pour la déployer, et étouffer la peur. Tirer sur la joie comme sur un chewing-gum. La gonfler pour écraser la peur.

En face d'elle, une fille arrive, à grands pas.

Cette fille a changé. Grandi. Vieilli ? Ses paupières sont fardées de beige doré, ses cheveux sont tressés et décorés de minuscules torques en argent ciselé, à l'ancienne.

La fille sourit, s'interroge. Son regard est inquiet. Dubitatif. Elle s'arrête à quelques pas. Ses grands yeux abritent des larmes qui ne demandent qu'à s'échapper. Elle reste là, les iris brillants, à contempler Sasha.

N'y tenant plus, elles courent l'une vers l'autre, s'étreignent.

– Sasha !

– Bahia.

– Sasha... Sasha, qu'est-ce qui t'est arrivé, ma bichette ?

Sasha tremble :

– Babou, s'il te plaît, serre-moi très très fort. Sinon je vais m'évaporer, disparaître.

– Non. Tu ne vas pas disparaître. Je te tiens, là.

– Tu as pris... Au moins 6 centimètres, non ?

– Pas à 16 ans, bichette. C'est juste mes chaussures.

Babou éclate de rire.

– J'ai tellement de choses à te raconter, ma Sasha. J'ai pris un pique-nique. Deux bentos. Avec des sashimis et un supplément avocat. Ils ont dit qu'il ne pleuvrait pas, à la météo. On peut s'installer dehors.

Sasha a compté les pas, elle est à 500 pas de la maison. Avec le jardin, ça ferait 800 pas, au moins.

Elle ne doit pas y penser.

Manon Roger lui a dit : respiration au carré. Inspire 4 secondes, puis bloque 4 secondes, puis expire 8 secondes. Puis bloque 4 secondes. Et on recommence.

– J'ai faim, dit Sasha. Très faim. C'est EXACTEMENT ce que je voulais, un bento, avec de l'avocat. Comment tu as su ?

– C'est normal, bichette. On est sœurs jumelles, quelque part. D'ailleurs...

– Quoi ?

– Tu sais... L'*inyeon* ça existe aussi pour l'amitié. C'est nous les âmes jumelles. D'ailleurs, tu sais pourquoi l'amitié est supérieure à l'amour ? L'amour est passager. Pas l'amitié. Elle dure toute une vie. Tu crois pas ? J'ai lu ça sur Internet, et j'ai trouvé ça pas si con. La preuve, bichette : qui est là, pour ta sortie ? C'est ta daronne d'amie !

Sasha lève le visage pour empêcher les larmes de dévaler ses joues.

– Je promets rien, tu sais.

– Évidemment que tu promets rien ! Ça tombe bien parce que je n'attends rien. Donc même si là tu dis : j'en ai marre de ta gueule, je veux retourner chez moi, eh bien, je dirais OK, ma belle, file. C'est ce que tu veux ? Retourner dans ton gourbi ?

Sasha laisse échapper un rire, verse une larme, puis une autre, et, rit encore. Elle secoue la tête en riant, laissant couler l'eau salée sur son visage. Elle se sent plus vivante que jamais.

Elles s'installent dans le jardin municipal, au pied d'un chêne. Bahia étale son blouson sur la pelouse et s'assoit dessus. Ce n'est pas encore l'été, il fait un peu frais. Sasha retire ses baskets. Elle a envie de fouler la pelouse. Une envie irrésistible de caresses sur sa plante de pied.

Mais il faut qu'elle prévienne le groupe. Elle s'est promis de le faire. Elle pianote sur son téléphone :

> Il fait beau. Venez me rejoindre avec ma copine Bahia au parc René-Char. Ensuite nous allons visiter l'école des Beaux-Arts, près des quais de Seine.

Personne ne dit oui, mais tous partagent leur joie et Sasha reçoit un bouquet d'émojis : pouce levé, mains en prière, trèfle à quatre feuilles, tulipe... Elle ressent une bouffée d'amitié pour ces personnes qu'elle n'a jamais rencontrées mais qui l'accompagnent depuis des semaines. Hadrien est déjà de retour, comme elle l'avait pressenti.

Elle se rend dans les réglages et complète la description du groupe : Porte H. Hermès, dieu des voyageurs, de la joie pure, de l'amitié éternelle, des folies et des fous-rires.

Bahia tend son bras, la prend par l'épaule, arme son téléphone.

– Ah non, pas de selfie. Non. Babou.

– Mets-toi de profil. Je te connais par cœur. Je sais comment tu t'aimes. On va leur envoyer un beau portrait, à tes potes.

– Tu sais qu'ils ne m'ont jamais vue ?

– Sans blague !

Bahia appuie sur le bouton. Photo prise.

– Regarde, tu te plais ?

– Ça va.

– T'as un teint d'endive trop cuite, mais à part ça, tu es canon, ma chérie.

Bahia cligne des yeux, esquisse un sourire. Elle poursuit :

– J'ai pensé… Si t'as envie, un de ces quatre… On pourrait faire un voyage toutes les deux, aller à Berlin ? Tu sais que c'est direct par la gare du Nord. C'est un tout petit peu plus loin que Lille, hein. Ça te ferait du bien. Je pense. Et ensuite… On continue, on trace la route. Ça te dirait ?

Sasha ferme les yeux, tourne son visage vers un rayon de soleil. Elle cherche à se rapprocher de la lumière qui lui a tant manqué. Un voyage. Peut-être, oui. Pas tout de suite, mais un jour. Peut-être qu'elle serait capable de prendre le train pour Berlin. Peut-être.

Un sourire irrépressible, tout neuf, se dessine sur son visage.

Elle sent naître quelque chose au creux de son cœur, qui va pouvoir prendre son envol, là, tout de suite, dans l'espace.

L'autrice

Sophie Carquain débute comme journaliste littéraire, puis se tourne vers l'écriture ; du roman à l'album en passant par l'essai, le scénario de BD et la poésie. Elle a publié quatre romans en littérature générale, dont *Juste à côté de moi* (éditions Charleston). Chez Albin Michel, son roman *Alice, 15 ans, résistante* a remporté le prix Ruralivres et le prix Imaginalire. Elle est également l'autrice de *Petites histoires pour devenir grand*, prix Griffe Noire 2005 et traduit en six langues, ainsi que de deux albums engagés pour les droits des femmes, devenus des best-sellers : *J'aimerais te parler d'elles* (2019) et *Tout ce que j'aimerais dire aux filles* (2020). Dans cette même veine, elle a publié un recueil de poèmes d'inspiration slam, *Soutif, mon amour* (Éditions La Joie de Lire), qui rencontre un beau succès critique et public.

D'autres titres Albin Michel :

Kwame ALEXANDER, *La Porte du non-retour*
Kwame ALEXANDER, *Les Vrais Champions dansent dans le blizzard*
Kwame ALEXANDER, *Frères*
Jay ASHER, *13 Reasons Why*
Maïa BRAMI, *La Révolte au cœur*
Jennifer BROWN, *Hate List*
Fabrice COLIN, *Rester debout*
Fabrice COLIN, *Michel et Barack*
Fabrice COLIN, *Shooting Star*
Collectif, *Les Olympes*
Isabelle COLLOMBAT, *Rachel Carson*
Michelle DALTON, *L'Été de mes 16 ans*
Jenny HAN, *L'Été où je suis devenue jolie*
Jenny HAN, *L'Été où je t'ai retrouvé*
Jenny HAN, *L'Été devant nous*
Jenny HAN, *L'Été où je suis devenue jolie, L'intégrale*

Natacha HENRY, *Marie et Bronia, le pacte des sœurs*
Natacha HENRY, *Rosa Bonheur, l'audacieuse*
Marjorie KINNAN RAWLINGS, *Jody et le faon*
Jérôme LARCHER, *Baisers cachés*
Catherine LOCANDRO, *Cassius*
Catherine LOCANDRO, *Dans ce monde ou dans l'autre*
Rachael LIPPINCOTT, avec Mikki Daughtry et Tobias Iaconis, *Five Feet Apart*
Laurent MALOT, *Lucky Losers*
Jennifer RICHARD, *Le Chemin de la liberté*
Meg ROSOFF, *Au bout du voyage*
Caroline SOLÉ, *D'après mon adolescence*
Caroline SOLÉ, *La Petite Romancière, la Star et l'Assassin*
Caroline SOLÉ, *La Fille et le Fusil*
Carole TRÉBOR, *Combien de pas jusqu'à la Lune*
Carole TRÉBOR, *Louise Michel – Je suis tout en orage*
David YOON, *Frankly in Love*

Illustration de couverture : Chloé Maingé
Conception graphique de couverture : Anaïs Dufils
Composition : Delphine Guéchot

Création du logo litt' : Isabelle Southgate.
Imprimé en Espagne par Liberdúplex en août 2024
Dépôt légal : octobre 2024
ISBN : 978-2-226-49140-4
Numéro d'édition : 25805/01

Ce livre est issu de forêts gérées durablement et de sources contrôlées.